KB271136

HOW TO SHARE YOUR FAITH

GREG LAURIE

HOW TO SHARE YOUR FAITH

복음, 이렇게 전하자

그렉 로리 지음 | 박민희 옮김

드림북

예수 그리스도의 복음을 세상에 전하고 자신의 신앙을 다른 사람들과 나누는 것은 모든 그리스도인들이 해야 할 가장 기본적인 소명 중 하나다. 복음 전도는 자신의 백성을 향한 하나님의 명령이며, 우리의 주 예수 그리스도께서 자신의 제자들에게 맡기신 사명이기 때문이다. 뿐만 아니라, 하나님 앞에서 죄인들인 세상 모든 사람들은 그들이 인식하든 인식하지 못하든 구원과 영생을 필요로 하기 때문이다. 그래서 복음을 나누는 일은 모든 그리스도인의 삶에서 빼 놓을 수 없는 것이다.

그러나 막상 우리가 다른 사람들에게 복음을 전하고 자신의 신앙을 나누려 할 때, 무엇을 어떻게 해야 할지 막막한 느낌이 드는 것도 사실이다. 이 책은 그런 상황에 있는 사람들에게 도움을 주기 위해 쓰여졌다. 이 책에는 저자 자신의 경험을 바탕으로 한, 다른 사람들에게 복음을 전하고 신앙을 나눌 때 필요한 기본적인 태도와 신앙 나눔의 필요성, 그리고 그것의 내용과 효과적인 방법 등이 간결하게 담겨져 있다. 그래서 이 책은 읽기가 쉽지만, 그렇다고 해서 결코 가볍지 않으며 또한 깊이가 있는 책이다.

역자가 이 책을 처음 접하게 된 것은 빌리 그래함 복음전도협회(The Billy Graham Evangelistic Association)를 통해서다. 개인적으로, 역자는 매월 그 협회가 발행하는 복음 잡지인『디씨전』(Decision)을 구독하여 보는데, 가끔씩 그 잡지와 더불어 회원들에게 영적 성장을 돕기 위해 그곳에서 추천하는 도서들을 함께 보내준다. 그렉 로리(Greg Laurie) 목사님의 이 책『복음, 이렇게 전하자』(HOW TO SHARE YOUR FAITH)는 그 중 하나였다.

책을 받아들고 읽어가면서, 비록 작은 분량의 책이지만 다른 사람들에게 복음을 전하고 또 자신의 신앙을 나누기 원하는 그리스도인들에게 매우 유익한 책이라는 생각을 하게 되었다. 그래서 기회가 되면 한국교회와 그리스도인들에게 번역 소개하는 것이 좋겠다는 생각이 들었고, 그러던 중에 하나님의 인도하심에 따라 도서출판 드림북을 통해 한국어판으로 이 세상에 나오게 되었다.

저자인 그렉 로리 목사님은 캘리포니아 주 리버사이드에 소재한 하비스트 크리스천 펠로우십(Harvest Christian

Fellowship)의 담임목사로서 사역하고 있다. 그 교회는 처음에 30명의 성경공부로 시작하여 지금은 1만 5천명의 교회로 성장했다. 현재 미국의 8대 대형 교회 중 하나이기도 하다. 또한 그는 해마다 추수전도집회(Harvest Crusades)를 통해 많은 이들에게 복음을 전하고 있으며, 미국 전역에 걸쳐 많은 사람들에게 복음 메시지를 통해 영향을 주고 있다.

이 책은 이러한 저자 자신의 배경을 바탕으로, 복음의 핵심 내용과 함께 지금까지 복음을 전하고 자신의 신앙을 나누는 삶을 통해 얻은 방법들을 제시하고 있다. 그래서 매우 실제적이고 유익한 책이다. 아무쪼록 이 책이 복음을 전하고 자신의 신앙을 나누고자 하는 독자들에게 소중하게 사용되기를 바란다.

2007년 1월 20일
박 민 희

목 차

부담

복음을 나누는 것에 관한 한, 나는 풋내기였다. 그럼에도 불구하고 십대 소년시절, 나는 해변으로 나가 내가 새로 발견한 그리스도를 믿는 믿음에 관해 이야기할 사람을 찾고 있었다. 하지만 그 결과는 내가 기대한 만큼 되지 않았다.

내가 그리스도께 헌신하기로 결단한지 불과 2주밖에 되지 않았을 때였다. 당시 나는 기독교적 삶이나 성경에 관해 아는 것이 별로 없었다. 하지만 나는 밖으로 나가 다른 사람들과 복음을 나누어야 한다는 이야기를 들었다. 그래서 어느 날, 나는 무작정 해변으로 나갔다. 그런데 그 해변은 바로 내가 전에 행여 그리스도인들을 만나게 되면 나를 개종시키려고 할까봐, 성경을 휴대하고 다니던 그리스도인들을 만나지 않으려고 피해 다니곤 했던 곳이다.

이제는 다른 사람도 아닌 바로 내가 "영혼 순찰대" (Soul Patrol)의 성실한 일원이 되어 여기에 있는 것이다. 그것도 개종시킬만한 불신자들을 찾아 이렇게 서성거리면서 말이다. 그렇다고 해서, 내가 확신으로 가득 차 있었던 것은 아니다. 실제로, 나의 주된 목표는 누군가 나와 논쟁을 벌이지 않거나, 나에게 화를 내지 않을 정도의 사람을 찾는 것이었다. 나는 내심 어떤 불신자를 만나게 될 경우, 그가 그냥 나를 보고도 못 본체 하거나 멀리 다른 곳으로 걸어가 주기를 바랬다.

결국 나는 내 어머니의 연령대로 보이는 한 중년 여성을 발견했다. 나는 그 부인이 내게 다소 호의적일 것이라고 생각했다.

내가 그 부인에게로 걸어갈 때, 나의 목소리는 초조해져 떨렸다. 나는 적절한 말을 찾아 더듬거리면서 이렇게 말했다.

"저—, 실례합니다만, 잠시 뭐 좀 말씀드려도 될까요?"

"물론이에요. 그런데 뭐죠?"라고 그 부인이 말했다.

"저—, 말하자면, 하나님에 관한 이야기입니다. 시시한 이야기지요"라고 나는 대답했다. (나는 아직 십대였다는 사실을 기억해 주기 바란다.)

그런데 놀랍게도 그 부인은 "계속해 봐요. 여기 앉아서 내게 말해 봐요"라고 말하는 것이 아닌가!

나는 그때 그와 같은 순간을 위해 미리 내 주머니에 간직해 두었던 복음 전도용 소책자 한 권을 꺼내 들었다. 나는 풋내기 초신자였던 관계로 심지어는 구원 계획조차도 기억하지 못했다. 그래서 나는 그냥 그 소책자 전체를 처음부터 끝까지 쭉 읽었다. 그것을 읽어 가는 동안 내내, 나는 나뭇잎처럼 떨면서 이렇게 생각했다. '이것은 아무런 효과도 없을 거야. 내가 왜 이러고 있는 거지? 이렇게 한다고 해서 이 부인에게 아무런 영향도 주지 못할 텐데 말이야.'

그러나 그 부인은 계속해서 내가 말하고 있던 것, 더 정확히 말해서, 내가 읽고 있던 것을 끈기 있게 들어 주었다. 내가 그 소책자의 한 부분인 "당신에게는 지금 당장 예수 그리스도를 영접하지 않아야 하는 어떤 타당한 이유가 있습니까?"라는 부분에 이르렀을 때, 내가 직접 그 부인에게 이 물음을 물어야 한다는 것을 깨달았다. 나는 망설였다. 그러다가 어색해 하면서, 나는 고개를 들고 그 부인에게 이렇게 물었다.

"저―, 부인에게는 지금 당장 예수 그리스도를 영접하지 않아야 하는 어떤 타당한 이유가 있습니까?"

"아니, 없어요"라고 그 부인이 말했다.

"그렇군요. 그렇다면 그것은 부인께서는 지금 당장 예수 그리스도를 영접하기를 원한다는 뜻인가요?"라고 나는 약간 혼란을 겪으면서 말했다.

조용히 결심한 표정으로, 그 부인은 이렇게 대답했다.

"그래요."

나는 충격을 받았다. 잠시 동안 나는 당황해서 무엇을 어떻게 해야 할지 알지 못했다. 나는 오직 실패할 경우를 대비해서만 계획을 세웠었다. 나는 정신없이 그리스도를 자신의 삶 속으로 모시어 드리기를 원하는 사람을 이끌어 줄 몇 가지 기도에 대한 소책자를 찾았다. 아주 오랜 시간이 흐른 것 같은 느낌이 들었을 때, 나는 결국 하나를 찾아냈다. 나는 내가 낼 수 있는 가장 경건한 목소리로 이렇게 말했다.

"잠—시, 고개 숙여 기도하겠습니다."

그 부인이 나를 따라서 기도할 때 조차도, 나는 여전히 '이것은 아무런 효과가 없을 거야' 라고 속으로 생각했다.

우리가 기도하기를 마쳤을 때, 그 부인은 나를 쳐다

보면서 이렇게 말했다.

"조금 전 나에게 뭔가 일어났어요!"

그리고 그 순간 나에게도 뭔가 일어났다. 내가 하나님에 의해 쓰임을 받는다는 것이 어떤 것인지 맛보게 된 것이다. 심지어 나는 아직 젊은 나이임에도, 내가 삶 속에서 무엇을 하든지 간에, 나는 계속해서 복음을 나누기 원한다는 것을 알게 되었다.

다른 사람들과 함께 그리스도를 나누는데 필요한 필수적인 요소

한 사람이 자신의 신앙을 효과적으로 나누는 일은 언제나 하나님이 주시는 부담과 함께 시작된다! 그리고 만일 오늘날 우리가 진정 정직하기 원한다면, 우리에게는 그런 부담이 없다고 말해야 할 것이다. 아주 솔직하게 말해서, 만일 우리에게 그런 부담이 있다면, 우리들 대부분은 지금 우리가 하는 것보다 더 많은 것을 할 것이라고 나는 생각한다.

이렇게 말하면, 어떤 사람들은 "하지만 나에게는 그럴 만한 자격이 없다거나, 나는 신학의 전문가가 아닙니다"라고 이의를 제기할지도 모른다.

그렇다면, 다음과 같이 바꿔 말해 보겠다. 당신이 거리를 걸어가고 있을 때, 갑자기 한 여성의 비명 소리를 듣게 되었다고 하자. 당신은 어떤 일이 일어나고 있는지 알아보려고 뒤를 돌아본다. 그때 그녀는 불타고 있는 집을 가리키면서, 자신의 어린아이가 안에 있다고 정신없이 소리를 지른다. 당신은 잠시 후면 집 전체가 순식간에 불길에 휩싸이게 될 거라는 것을 잘 알고 있다.

이런 상황에서, 당신은 어떻게 하겠는가? 그 아이는 그녀의 아이지, 우리 아이가 아니잖아 라고 하면서 그냥 걸어가겠는가? 당치도 않을 것이다.

그러면, 그녀를 진정시키려고 애쓰면서, 전문가들이 도착할 때까지 기다리라고 말하겠는가? 있을 법 하지만, 그러나 다시 말하건대, 그것 역시 당치 않을 것이다.

그것도 아니라면, 당신은 생명의 위협을 무릅쓰고 그 건물 안으로 들어가서 그 아이를 구하려고 하겠는가? 물론, 나는 당신이 그렇게 하기를 바란다.

그것보다 훨씬 더 나쁜 운명이 그리스도를 알지 못하는 사람들을 기다리고 있다. 그들에게 있어서, 그 불은 일시적인 것이 아니라 영원한 것이다. 우리는 정말로 관심이 있는가? 우리가 그리스도를 믿는 우리의 신앙에 관해 사람들에게 말할 때, 그들은 우리가 정말로 관심이 있는지 똑똑히 말할 수 있다. 우리가 실제로는 그런 마음이 없으면서도, 단지 의무감에서 그것을 하고 있는지 그들은 느낄 수 있다. 나는 그리스도인들이 거의 기계적으로 복음을 나누는 것을 보아왔다. 그들에게는 미리 준비된 진술과 대답이 있다. 그러나 실제로 자신들은 그 일에 종사하지는 않는다. 이것은 궁극적으로 그들의 목적을 무로 돌리고 말 것이다.

당신은 사랑에 관해 당신이 원하는 모든 것을 말할 수 있다. 당신은 성경이 사랑을 묘사하기 위해 사용하는 다양한 헬라어 단어들을 인용할 수 있다. 더욱이 당신은 사랑의 중요성을 입증하기 위해 성경의 여러 구절들을 인용할 수도 있다. 하지만 당신이 할 수 있는 최선의 방법은 당신의 신앙을 함께 나누면서 그것을 실제로 보여주는 것이다. 그것을 효과적으로 하기 위해 당신에게는 하나님이 주시는 부담이 필요하다.

예수님께는 자신의 백성에 대한 그와 같은 부담이 있었다

우리는 예수님이 예루살렘 사람들에 대해 가졌던 것과 같은 부담을 가질 필요가 있다. 성경은 예수님이 어느 날 예루살렘을 바라보시고는, 울면서 다음과 같이 말씀하실 때 그분의 진심 어린 부담을 묘사한다.

"예루살렘아 예루살렘아 선지자들을 죽이고 네게 파송된 자들을 돌로 치는 자여 암탉이 그 새끼를 날개 아래 모음 같이 내가 네 자녀를 모으려 한 일이 몇 번이나 그러나 너희가 원치 아니하였도다"(마 23:37).

사도 바울도 로마서 9장 2-3절에서 그와 같은 심정을 표명한다.

"내게 큰 근심이 있는 것과 마음에 그치지 않는 고통이 있는 것을 내 양심이 성령 안에서 나로 더불어 증거하노니 나의 형제 곧 골육의 친척을 위하여 내 자신이 저주를 받아 그리스도에게서 끊어질지라도 원하는 바로라"(롬 9:2-3).

바울이 그토록 힘차고 효과적인 사역을 할 수 있었던 것은 놀랄만한 일이 아니다. 그에게는 관심이 있었다!

느헤미야는 잃어버린 자들의 필요를 진정으로 돌본 한 인간에 대한 또 하나의 모범적인 예다. 페르시아 왕의 술 관원이었던 그는 막강한 권력과 영향력 있는 위치에 있었다. 그는 그런 신분과 특권을 소유하는 한편, 한 사람의 유대인, 즉 포로기에 포로가 되어 예루살렘으로부터 멀리 떨어져 있던 많은 사람들 중 하나였다.

느헤미야는 무시해 버리고는 안락한 가정을 꾸릴 수

도 있었다. (그러나 그는 그렇게 하지 않았다.) 어느 날, 느헤미야의 한 형제가 예루살렘을 방문하고 돌아와서, 자신이 본 파괴된 예루살렘 성에 대해 그에게 말해 주었다. 한 때 자랑스럽게 곧추섰던 도성 벽들이 이제는 모두 무너지고 타버려 까만 돌더미들로 변해 버린 것이다. 이 벽들은 한때 자기들 주변의 이방 민족들과 구분 짓는 것으로서, 하나님께 찬성했던 한 백성의 상징이라는 것을 느헤미야는 잘 알고 있었다. 그러나 지금은 그것들이 황폐해져 있다. 이런 뜻밖의 소식을 들은 느헤미야는 상심에 젖어 그만 울고 말았다. 그렇다고 느헤미야가 울기만 하고 아무 것도 하지 않은 것은 아니다. 그는 절망을 겪은 뒤에 결심을 했다.

그는 다음과 같이 합리화하면서, 개인적으로 아무 것도 하지 않을 수도 있었다. "나는 제사장도 아니고, 예언자도 아니잖아. 그 일은 그들이 해야지! 게다가, 만일 내가 목소리를 내면, 모든 사람이 탐내는, 왕을 섬기는 이 자리를 잃게 될지도 모르고 말이야. 그렇게 한다고

해서 무슨 유익이 있겠어?'

그러나 느헤미야는 평신도로서 자신이 중요한 영향을 끼칠 수 있다는 것을 깨달았다. 그래서 그는 기도했다. 그리고 그는 (예루살렘으로) 가서 개인적으로 피해 상황을 알아봐도 좋다는 왕의 허락을 받았다. 그런 다음, 느헤미야는 계획을 세우고 그것에 따라 행했다.

계획을 세우는 것만으로는 충분치가 않다. 심지어는 기도하는 것만으로는 더 더욱 충분치가 않다. 우리는 하나님이 우리로 하여금 행하게 하실 때 행해야 한다. 모세가 맹렬히 추격하는 이집트 군대에 쫓기면서 홍해 바다에 이르렀을 때, 주님은 그에게 이렇게 말씀하셨다. "너는 어찌하여 내게 부르짖느뇨 이스라엘 자손을 명하여 앞으로 나가게" 하라(출 14:15).

기도할 때가 있고, 행동할 때가 있다. 씨를 뿌릴 때가 있고, 거둘 때가 있다. 그러나 그것은 모두 잃어버린 사람들에 대한 하나님이 주시는 부담과 함께 시작된다. 알렉산더 맥클레런(Alexander McClaren)은 이렇게 말했다. "당신이 내게 어떤 그리스도인의 긍휼의 깊이가 어떤 지를 말해 주면, 나는 당신에게 그 사람이 얼마나 쓸모 있는지를 말해 주겠다." 탁월한 영국의 목사였던 스펄전(C. H. Spurgeon)의 말을 인용하여 말하면, "영혼을 인도하는 사람은 먼저 영혼을 위해 우는 사람이 되어야 한다." 이것은 당신의 신앙을 효과적으로 나누는 데 본질적이다.

우리 중 다수가 결코 다른 사람을 그리스도께로 인도하지 않은 이유

우리 중 다수가 결코 다른 사람들을 그리스도께 인도하지 않은 이유는 우리가 진정 한 사람에게 그 극히 중요한 질문인 "예수 그리스도를 당신의 개인적인 구세주로 당신의 삶 속에 모셔 들이지 않으시겠습니까?"라는 질문을 결코 하지 않았기 때문이라고 나는 생각한다. 우리는 마지막 순간에 뒷걸음질 친다. 우리는 그들이 아니(No) 라고 말하면 어떻게 하지? 라고 생각할지 모른다. 그러나 우리의 진짜 두려움은 실제로는 그들이 예(Yes)라고 말하면 어떻게 하지? 일 것이다!

만일 그들이 예라고 말한다면—그리고 나는 만일 당신이 적극적으로 당신의 신앙을 나누고 있다면, 당신은 결국에는 그와 같은 대답을 들을 것이라고 믿는다—그것은 이 세상에서 당신이 지금까지 맛본 가장 큰 기쁨 중 하나일 것이다. 잠시 생각해 보라. 이제 한 사람의 영원한 운명이 바뀌었다. 지옥으로 향하고 있던 인생이 이제는 천국으로 향하고 있다. 내면이 텅 비고 외로웠던 인생이 지금은 가득 채워졌고 더할 나위 없게 되었다. 그 모두가 당신이 그들과 함께 복음 메시지를 나누기 위해 시간을 드렸기 때문이다.

그렇지만 우리 중 다수는 너무 쉽게 포기한다. 우리는 믿지 않는 친구들에게 "나와 함께 교회에 가지 않을래?"라고 물을 것이다.

그들은 "아니"라고 딱 잘라 대답한다.

당신은 무심코 그 얘기를 했다가 아마도 약간 안도감을 느끼면서, "괜찮아. 신경 쓰지마"라고 말한다.

우리는 어떻게 그렇게 쉽게 포기할 수 있나? 우리는 정말로 우리가 믿는다고 주장하는 것을 믿는가? 우리는 천국과 지옥이 실재한다고 확신하는가? 우리는 실제로 죄의 삯은 진정 사망이라는 것을 받아들이는가? 만일 그렇다면, 우리는 어떻게 다른 사람들에게 (복음에 대해) 말하는 것에 그토록 무관심한가?

오래 전 영국에서, 찰스 피스(Charles Peace)라는 범인이 체포되었다. 그는 강도였고 위조자였으며 이중 살인죄를 저질렀다. 그는 그 범죄들에 대한 대가로 사형을 선고 받았다. 그가 사형 집행일에 단두대로 나아가고 있을 때, 교도소 담당 목사가 그의 옆으로 걸어왔다. 그 목사는 그저 "마지못해" 신앙(faith)과 믿음(belief)의 중요성에 대해 냉담하게 말했다. 그 목사는 여러 번 말을 되풀이 하는 과정에서, 죄에서 구원할 수 있는 예수 그리스도의 능력에 대해 말했다.

그 범인은 갑자기 뒤돌아 그 목사의 눈을 보면서 이렇게 외쳤다.

"당신은 그것을 믿나요? 당신은 정말로 그것을 믿느냐 말이오? 만일 내가 그것을 믿는다면, 나는 어떤 어려움을 겪더라도 기꺼이 영국 전역을 다니면서 사람들에게 그것이 사실이라고 말할 겁니다."

만일 우리가 나누고 있는 것을 우리가 정말로 믿는다면, 우리는 그 메시지의 긴급함에 사로잡혀 있어야 한다.

나는 당신이 하나님께서 다른 사람들을 하나님의 나라에 들어가게 하기 위해 정말로 당신을 사용하실 수 있다는 것을 알도록 당신을 격려하고 또 당신을 돕고 싶다.

회심은 오직 하나님만이 하실 수 있는 것이다

의심할 여지없이, 회심은 성령의 사역이다. 예수님은

"나를 보내신 아버지께서 이끌지 아니하면 아무라도 내게 올 수 없으니"(요 6:44)라고 말씀하셨다. 바울 역시 우리에게 다음과 같이 일깨워 준다. "그런즉 심는 이나 물주는 이는 아무 것도 아니로되 오직 자라나게 하시는 하나님 뿐이니라 심는 이와 물주는 이가 일반이나 각각 자기의 일하는 대로 자기의 상을 받으리라"(고전 3:7-8).

당신이나 나나 한 사람을 회심시키기 위해 할 수 있는 것은 아무 것도 없다. 나는 아주 만취한 한 남자가 우연히 자신이 타고 있던 비행기에 빌리 그래함(Billy Graham) 목사가 타고 있다는 것을 알고는 소란을 피운 일에 대해, 빌리 그래함 목사가 이야기하는 것을 들은 적이 있다. 빌리 그래함 목사가 같은 비행기에 타고 있다는 이야기를 듣고는, 그 술 취한 남자는 빌리 그래함 목사와 이야기를 나누게 해달라고 요청했다. 그 비행기 승무원들은 그 사람을 자리에 앉게 하려고 애썼다. 그러나 그는 빌리 그래함 목사와 이야기를 나눌 수 있을 때까지 가만히 있지 않을 판국이었다. 그것에 대해 듣게 된 빌리 그래함 목사는 자리에서 나와 그와 인사를 나누었다.

그 술 취한 남자가 말했다.

"빌—리, 나는 당신을 만나게 되어 기쁩니다. 나는 당신의 회심자들 중 한 사람입니다!"

빌리 그래함 목사는 그 말을 듣고 속으로 이렇게 생각했다.

'그는 나의 회심자들 중 한 사람임에 틀림없다. 그러나 그는 틀림없이 주님의 회심자들 중 한 사람은 아니다.'

하나님만이 진정으로 회심시킬 수 있다. 때때로 우리는 복음을 제시할 때 약간의 압력을 사용하지 않으면 안되겠다는 마음이 드는 피할 수 없는 처지에 이른다. 우리는 그 일을 끝내기 원한다. 아마도 회심이 일어날 준비가 되기도 전에 말이다. 우리의 일은 그 결과들에 대해서는 하나님께 맡기면서, 복음 메시지를 분명하고

도 정확하게 제시하는 것임을 기억하기 바란다. 고전 텔레비전 프로그램인 『드래그네트』(Dragnet)에서 프라이데이 형사(Sergeant Friday)가 다음과 같이 말하곤 했던 것처럼 말이다. "아가씨, 그건 정확히 사실입니다." 물론, 만일 그 사람이 준비가 되어 있다면, 당신은 "그물을 끌어당길" 준비를 해야 한다. 그러나 만일 그 사람이 아직 준비가 되어있지 않다면, 그 적절한 때에 대해서는 하나님께 맡겨라.

통계에 따르면, 전체 그리스도인들 중 95퍼센트가 결코 다른 사람을 그리스도께 인도한 적이 없다고 한다. 당신은 그 엄청난 비율 속에 포함되는가? 아니면 한 사람이 어둠에서 빛으로 통과하는 것을 돕는 특권을 가진 그 "소수의 엘리트" 안에 포함되는가?

나는 하나님께서 다른 사람들을 자신에게로 인도하기 위해서 당신을 사용하실 수 있고 또 사용하실 거라고 믿는다. 나는 다른 사람들을 그리스도께 인도하는 것은 단지 소수의 빼어난 사람들의 사역이라고 생각하지 않는다. 물론, 어떤 사람들은 복음전도자들이 되도록 특별한 부르심을 받았다. 그런 부르심은 하나님으로부터 오는 선물이지만, 그렇다고 그것이 복음전도 집회(evangelistic crusades)를 거행하는 사람들에게만 한정되는 것은 아니다(비록 그런 부르심이 분명 그런 사람들을 포함한다 할지라도 말이다). 그것은 개인적으로 내가 아주 젊은 사람들의 삶에서 뿐만 아니라 70대의 사람들의 삶에서 보아온 부르심이다. 개개의 이런 사람들은 정말 복음을 자유롭게 나누는 특별한 방식을 가지고 있으며, 깜짝 놀라게 할 만큼의 성과를 낳는다.

그러나 그것 때문에 낙담하지는 말기 바란다. 왜냐하면 비록 성경의 원리들이 당신으로 하여금 다른 사람들에게 예수 그리스도에 관해 더 효과적으로 말할 수 있

게 할 수 있을지라도, 당신은 무엇보다도 먼저 복음을
나누는 바른 방법과 그른 방법이 있다는 것을 이해할
필요가 있기 때문이다. 둘째로, 복음이 복음되기 위해
서는 몇 가지 필수적인 요소들이 적소에 있을 필요가
있음을 당신은 알게 될 것이다.

우리가 장애물인가?

사람들이 교회에 가지 않는 이유

흔히 사람들이 교회에 가지 않는 이유가 두 가지 있다고 한다. 하나는 그들이 알고 있는 그리스도인이 없기 때문이고, 다른 하나는 그들이 알고 있는 그리스도인 때문이라는 것이다.

때때로 우리의 미숙함이나 지나친 열정으로 인해, 우

리는 우리 자신의 가장 나쁜 적이다. 실제로 우리는 때때로 우리가 불쾌하다거나 좀 별나다거나 또는 그저 아주 괴상하다는 이유로 "핍박"을 당할 때, "의를 위하여 핍박을 받은 자는 복이 있나니 천국이 저희 것임이라"(마 5:10)라는 구절로 우리 자신을 위로한다.

불신자들은 자주 복음을 거부한다기 보다는 그리스도인들이 복음을 제시하는 방식을 거부한다. 그들이 꼭 상자 안에 있는 것을 싫어하는 것은 아니다. 오히려 그들은 단지 그것의 포장지를 싫어한다.

이 말은 복음 메시지 안에 거슬리는 것이 없다고 말하는 것이 아니다. 실제로, 그것은 때때로 거슬릴 수 있고 또 거슬릴 것이다. 거룩하신 하나님과 영원한 심판 자리를 인정하는 것은 몇몇 사람들을 당황하게 하거나 심지어는 기분을 상하게 할 것이다. 그렇지만 동시에 그들의 기분이 상하는 것은, 자신을 그리스도를 따르는 제자라고 주장하는 사람이 말하거나 행하는 몇몇 별난 것들 때문이 아니라 복음 때문이라는 것을 확실히 해두자.

나는 하나님이 자신의 진리의 주요 소통자들(communicators)로 사용하시기 위해 맨 먼저 사람들을 선택한 것은 정말로 신비라는 것과, 설교를 자신의 진리를 소통하는 주요 수단으로 선택했다는 것을 인정하지 않을 수 없다!

"그런즉 저희가 믿지 아니하는 이를 어찌 부르리요 듣지도 못한 이를 어찌 믿으리요 전파하는 자가 없이 어찌 들으리요 보내심을 받지 아니하였으면 어찌 전파하리요 기록된바 아름답도다 좋은 소식을 전하는 자들의 발이여 함과 같으니라"(롬 10:14-15).

사도 바울은 고린도전서 1장 21절에서 이 메시지를 반복하여 말한다. "하나님의 지혜에 있어서는 이 세상이 자기 지혜로 하나님을 알지 못하는 고로 하나님께서 전도의 미련한 것으로 믿는 자들을 구원하시기를 기뻐하셨도다."

이 구절은 하나님이 믿는 자들을 구원하기 위해서 미

련한 설교(불행하게도 설교 중에는 그런 설교가 많이 있다)를 사용하신다는 것을 말하는 것이 아니다. 그렇다고 미련한 메시지(비록 어떤 사람들은 그것을 그렇게 생각한다 할지라도)를 설교하는 것이 효과적으로 작용할 것이라고 말하는 것도 아니다. 왜냐하면 다른 한편으로 성경은 "십자가의 도가 멸망하는 자들에게는 미련한 것이요 구원을 얻는 우리에게는 하나님의 능력이라"(고전 1:18)라고 우리에게 일깨워 주기 때문이다.

바울은 여기에서 본질적으로 한 사람의 영원한 운명이 (성령의 능력과 경건한 삶에 의해 지지를 받는) 기본적인 말에 의한 소통을 통하여 순간적으로 변화될 수 있다는 것이 얼마나 단순하고 뜻밖이며 믿기 어려울 정도인지를 지적하고 있다. 내가 보기에는, 하나님께서 하늘을 돌돌 말아 걷은 후 머리를 내미시고 "이봐라. 인간들아! 나는 하나님이다. 그러나 너희는 아니다. 그러므로 나는 지금 당장 너희 모두가 나를 믿으라고 강력히 말하노라"라고 말하는 것이 훨씬 더 효과적일 거라는 생각이 든다. 왠지 모르게, 나는 그것이 좋은 반응을 얻을 거라는 생각이 든다. 아니면, 하나님은 많은 천사들을 아주 번쩍번쩍 빛나게 하여 보내시고는 그들로 하여금 복음을 선포하게 하실 수 있다는 생각이 든다. 그러나 하나님은 그런 식으로 일하는 쪽을 택하지 않으셨다. 그 대신, 주로 당신과 나와 같은 사람들을 사용하는 쪽을 택하셨다.

타이탄 호로부터 얻는 교훈

할리우드(Hollywood)의 덕택으로 그리고 많은 시간이 흐른 탓에, 우리는 모두 타이탄 호(the Titanic)의 침몰 이야기를 알게 되었다. 이 비극이 그토록 우리의 마음을 끄는 이유들 중 하나는, 만일 그 배의 선장과 선원들이 파멸을 초래하는 결정들과 실수들을 그토록 많이 하지 않았다면 그 이야기는 달라질 수 있었을 거라는 깨달음 때문이다.

우리는 책임을 맡고 있던 사람들이 앞쪽에 있는 빙산의 조짐들을 어떻게 반복적으로 그리고 명백하게 무시했는지를 알고 있다. 우리는 그 배의 선장이 뒤쪽 가늠자에 유리하게 더 나은 선택일 수 있었던 빙산을 정면으로 부딪치는 대신에, 배를 치명적인 빙산 옆으로 조종하려고 했다는 것을 알고 있다. 우리는 그 배에는 구명정이 충분하게 비치되어 있지 않았다는 것도 알고 있다. 타이탄 호 이야기의 가장 큰 비극들 중 하나는, 그 큰배가 가라앉을 때 대부분의 구명정은 사람들을 단지 절반만 태우고 있었다는 것이다. 구명정 안에 있던 사람들은 다른 사람들(그들 중 대부분은 그들의 남편들과 아들들이었다)의 비명소리를 들을 수 있었다. 그렇지만 한 시간이라는 긴 시간이 지날 때까지, 단 하나의 구명정도 그들에게 돌아가지 않았다.

그들은 비명소리가 멎은 후에야 돌아갔다. 그들은 오직 자신들이 안전하다고 느꼈을 때만 노를 저어 사람들에게 돌아갔다. 그러나 그 때는 이미 너무 늦었다.

잘 들어 보라! 그러면 그리스도가 없는 사람들의 비명소리를 들을 수 있다. 그들은 심지어는 자신들이 처한 상황의 심각성을 아직 깨닫지 못할지도 모른다. 그러나 그들은 우리를 향해 큰 소리로 외친다. 우리는 가서 그들을 구명정 안으로 끌어당겨야 한다!

현자인 스펄전 목사의 말을 다시 인용해서 말하면, 그의 말은 우리가 그리스도를 아직 모르고 있는 사람들에게 복음을 전할 때 꼭 기억할 필요가 있는 것이다.

성령은 먼저 당신을 감동시킴으로 그들을 감동시킬 것이다. 만일 그들이 구원을 얻지 못했는데도 당신이 편안히 있을 수 있다면, 그들 역시 편안히 있을 것이다. 그러나 만일 당신이 그들에 대한 심적 고통(agony)으로 가득 차 있다면, 만일 그들이 잃어버려야 한다는 것을 당신이 도저히 참아낼 수 없다면, 당신은 곧 그들 역시 편안하지 않다는 것을 알게 될 것이다. 나는 당신이 그리스도가 없기 때문에 죽어가고 있는 당신의 자녀나 청자들에 관해 꿈을 꿀 수 있기를 바란다. 그리고

는 즉시 깜짝 놀라 일어나 "오, 하나님, 저에게 회심자
들을 주소서. 그렇지 않으면 제가 죽겠나이다"라고 외
치기를 시작하기 바란다. 그러면 당신은 회심자들을
얻게 될 것이다.

와이키키에서 들은 설교

몇 해 전에, 나는 하와이 와이키키(Waikiki) 중심가를
따라 걸어가고 있었다. 나는 한 남자가 상당히 큰 표지
판을 들고 한 모퉁이에 서 있는 것을 보았다. 그 표지판
은 다음과 같은 말로 꾸며져 있었다. 죄의 삯은 사망이
요! 그뿐이 아니었다. 거기에는 페인트로 그려 넣은 몇
가지 타는 듯한 불꽃 모양의 그림도 있었는데, 그것은
의심할 여지없이 효과를 높이기 위한 것이었다.

그쪽으로 지나가는 모든 행인들을 향해 목청껏 고함
을 지르면서, 그 지나치게 열정적인 거리의 설교자는
다음과 같이 큰소리로 외쳤다. "당신들은 불타게 될 것

이다!" "하나님께서 죄인들인 당신들을 심판하실 것이다!" "회개하라, 그렇지 않으면 망하게 될 것이다!" 그가 말하고 있던 내용들은 분명 그들에게 진리의 소리였다. 그럼에도 불구하고 그의 말투에는 사랑이나 긍휼이 전혀 없었다. 실제로, 내가 보기에 그는 사람들에게 그렇게 외치면서 이상야릇한 쾌감을 느끼는 것처럼 보였다.

그래서 나는 그에게로 걸어가서 말을 걸었다.

"실례합니다…."

그는 아랑곳하지 않고 계속해서 "회개하라, 죄인들아!"라고 지나가는 사람들을 향해 외쳐댔다.

"실례합니다."

그는 계속해서 외쳤다. 결국 나는 그의 주의를 끌었다. 그는 "왜 그래요?"라고 개가 짖듯이 말했다.

나는 다음과 같이 말했다.

"저—, 나도 그리스도인입니다만, 오늘 밤 당신은 진정 이곳에서 복음 메시지의 반쪽만을 전하고 있다는 생각이 듭니다. 죄의 삯은 사망이라는 말은 맞습니다. 그러나 나는 당신이 그 구절의 나머지 말씀인 '하나님의 은사는 그리스도 예수 우리 주 안에 있는 영생이니라'라는 말씀을 잘 알고 있을 거라고 확신합니다. 당신은 왜 당신의 표지의 다른 쪽에 그 메시지를 붙이고 매순간 그것을 돌려가면서 사람들이 전체의 그림(picture)을 볼 수 있도록 하지 않는 거죠?'

그 때 그는 나를 향해 소리를 지르면서, 나 역시도 지옥에 갈 것이라고 말했다. 사람들이 그와 같이 하나님을 잘못 전할 때, 나는 슬픔을 느낀다.

당신이 하나님께 드려야 할 기도

당신의 심장은 당신 주변에 있는 사람들과 복음의 희망을 나누고 싶어서 못 견뎌 하는가? 당신에게는 아직 주님을 알지 못하는 사람들에 대한 부담이 있는가? 그렇다면, 당신은 지금 당장 하던 것을 잠시 멈추고 다음과 같은 기도를 드리기 바란다.

주님, 지금부터 앞으로 주님께서 저에게 아직 주님을 알지 못하는 사람들에 대한 부담과 관심을 주시기를 위해 기도합니다. 저로 하여금 주님이 그들을 보듯이 그들을 볼 수 있도록 도와주소서. 저로 하여금 주님의 복음을 그들과 나눌 만큼 충분히 관심을 갖도록 도와주소서. 주님과 사도 바울과 느헤미야가 가졌던 것처럼, 저에게도 잃어버린 사람들에 대한 부담을 주옵소서. 주님, 때때로 발걸음을 밖으로 옮기는 것이 겁이 날 때가 있음을 솔직히 고백합니다. 부디, 저에게 그것을 할 수 있는 새로운 담대함을 주옵소서. 주님, 주님께 미리 감사를 드립니다. 예수님의 이름으로 기도합니다. 아멘.

만일 당신이 위와 같은 기도의 내용으로 기도하고 또 그것이 진심이라면, 당신은 다시는 전과 같지 않을 것이며, 우리가 사는 이 세상도 결코 전과 같지 않을 것이라고 나는 감히 말한다.

Chapter 3

참고 또 참기

사람을 낚으러 가자!

복음을 함께 나누는 것은 낚시를 하러 가는 것과 매우 흡사하다. 사실, 예수님도 그 은유를 사용하셨다. 마태복음은 다음과 같이 전한다. "갈릴리 해변에 다니시다가 두 형제 곧 베드로라 하는 시몬과 그 형제 안드레가 바다에 그물 던지는 것을 보시니 저희는 어부(fishers of men)라 말씀하시되 나를 따라 오너라 내가 너희로 사람을 낚는 어부가 되게 하리라"(마 4:18-19).

예수님은 또한 "사람을 낚으러 가자"고 우리를 부르셨다. 그 구절을 보다 더 원문에 충실하게 번역하면, "내가 너희로 사람들을 사로잡게 하리라"가 될 것이다. 여기서 잡다로 번역된 실제 헬라어 단어는 독특하며, 성경의 다른 곳에서 딱 한번 나온다. 그 경우, 바울은 진리를 거역하는 사람들에 대해 참아 내라고 말한다. 왜냐하면 하나님께서 "저희로 깨어 마귀의 올무에서 벗어나 하나님께 사로잡힌바 되어 그 뜻을 좇게 하실"지 모르기 때문이다(딤후 2:26).

여기서 성경은 현저히 대조적이다. 마귀든, 우리든 둘 중 어느 한 쪽이 사람들을 사로잡을 것이다. 그러면, 당신은 사람들을 낚으러 갈 준비가 되어 있는가? 먼저 좋은 낚시꾼(fisherman, 이하는 문맥에 따라 낚시꾼과 어부를 섞어 번역함—역주)이 되는데 필요한 몇 가지 특징들을 살펴보도록 하자.

낚시꾼은 참을성이 있어야 한다

고기를 잡는데는 시간이 필요하다. 당신은 기다리고, 기다리고, 또 기다리는 것을 배울 필요가 있다! 몇 년 전에, 나는 알래스카 케나이강(the Kenai River)으로 왕연어(king salmon—태평양 북부산의 큰 연어로 연어 중 가장 큰 연어를 말함—역주) 낚시를 하러 갈 기회가 있었다. 나는 그 녀석들 중 한 마리를 잡는데 만 해도 평균 잡아 다섯 시간이 걸린다는 이야기를 들었다. 그러므로 나는 오래 기다릴 준비가 되어 있었다. 어느 순간, 나는 낚싯줄을 약간 끌어당겼고, 그 때 갑자기 팍(Wham) 하는 소리가 났다. 낚시를 문 녀석이 낚싯줄을 너무 팽팽하게 끌어당기고 있어서, 큰 백 상어를 잡은 것은 아닐까 하는 생각이 들었다. 약간 과장해서 말하면, 정말 그랬다. 당신은 낚시를 문 녀석이 65파운드(약 30킬로그램—역주)짜리 왕연어라면 믿을 수 있겠는가? 그러나 그것은 사실 그대로다.

나는 최대한 잽싸게 낚싯줄을 잡아당겼고, 너무 잡아당긴 나머지 휘어져서 낚싯대가 거의 서로 맞닿을 정도가 되었다. 행여나 부러지는 것은 아니겠지 하는 생각이 들 정도였다. 비록 그 표면이 약간 벗겨지긴 했지만, 그런 대로 낚싯대는 버텨 주었고, 나는 정말이지 사력을 다해 그 야수 같은 거대한 녀석을 배 위로 끌어올리기 위해 잡아당겼다. 드디어 나는 그 녀석을 바로 우리 보트의 가장자리까지 끌어당겼다. 그러자 그 녀석이 그 거대한 머리를 물 밖으로 쑥 내밀었다. 정말로 믿기 어려울 만큼 컸다. 우리 가이드가 자신의 그물을 물속으로 던져서 그 왕연어를 거지반 잡았을 때, 그 괴물 같은 녀석이 그만 한 줄기 실낱같은 낚싯줄을 덥석 물어 끊어버렸다.

그것으로 끝이었다. 나는 정말로 실망했다. 그러나 나는 이 정도는 분명하게 말할 수 있다. 나는 근거리에서 고기와 마주치는 그 경험을 통해 용기를 얻게 되었고, 더 많은 고기를 낚을 준비가 되었다는 것이다.

낚시꾼은 계속해서 노력할 필요가 있다

복음을 나누는 것도 그와 같다. 어떤 날은 큰 물고기가 물어 거지반 "멋지게 낚아 올리게" 될 것이다! 그러나 어떤 날은 입질마저도 하지 않을 것이다. 그런 상태로 당신은 그냥 낚싯줄을 계속해서 던지고 다시 감아올리고 한다. 그리고는 그것을 반복한다.

복음 전도에 관한 다른 유사한 말씀(analogy)을 빌려 말하면, "뿌릴 때가 있고 거둘 때가 있다." 바울은 고린도전서 3장 6-8절에서 그 과정을 아주 분명하게 설명한다. "나는 심었고 아볼로는 물을 주었으되 오직 하나님은 자라나게 하셨나니 그런즉 심는 이나 물주는 이는 아무 것도 아니로되 오직 자라나게 하시는 하나님뿐이니라 심는 이와 물주는 이가 일반이나 각각 자기의 일하는 대로 자기의 상을 받으리라."

전도서에서 우리는 다음과 같은 말씀을 읽게 된다. "하나님이 모든 것을 지으시되 때를 따라 아름답게 하

셨고"(전 3:11). 우리는 또한 다음과 같은 말씀도 보게
된다. "일의 끝이 시작보다 낫고 참는 마음이 교만한
마음보다 나으니"(전 7:8).

낚시꾼은 기다릴 수 있어야 한다

나는 당신에 관해 잘 알지 못한다. 그러나 본래 나는
참을성이 없는 사람이다. 만일 내가 고속도로에서 운전
하고 있고 한 차선이 다른 차선보다 조금 더 빨리 전진
하고 있다면, 나는 내가 가려고 하는 곳에 좀 더 빨리
도착하고자 차선 사이를 누비면서 운전하는 사람이다.
대형 마켓에 갈 때, 나는 설 줄을 정하기 전에 어떤 줄
이 가장 긴 줄인지를 주의 깊게 살핀다. 그리고 "품목
이 열 개 또는 그 보다 적은" 줄에 도착할 때, 아마도 나
는 정말로 다른 사람들의 손수레에 들어 있는 품목이
정해진 양에 적합한지 확인하기 위해 그것들을 세는 유
일한 사람일 것이다. "실례합니다만, 이 사람은 품목이

열한 개나 됩니다. 당장 이 사람 좀 저지시켜 주세요!"

우리 가족을 위해 피자를 사러 가서 그것을 집으로 가져올 때, 나는 집에 도착하기 전에 최소한 두 조각을 먹고 싶은 유혹을 견딜 수가 없다. 뿐만 아니라, 나는 피자 위에 치즈가 설설 끓고 있기 때문에 조금 식은 다음에 먹어야 함에도 불구하고, 급한 마음에 무조건 입에 넣었다가 입천장을 데기도 했다.

그런 이유로, 내가 다른 사람들과 나의 신앙을 나누려 할 때 참을성이 좀 있어야 한다고 하나님께서 말씀하실 때, 그것은 쉬운 일이 아니다. 그러나 기억해야 할 한 가지 중요한 사실은, 추수는 예배시간이 끝날 때 끝나는 것이 아니라, 마지막 때에 끝난다고 하는 것이다. 여러 해에 걸쳐 우리는 우리의 추수 전도 집회(Harvest Crusades)에 참석하여 실제 집회에서는 자신들의 삶을 헌신하지 않았지만, 나중에 주님을 영접하게 된 사람들에 대한 이야기를 무수히 들어 보았다. 어떤 때는 그들이 그 집회 후에 집회장의 주차장으로 걸어 나가기 전에 결신이 이루어진다. 그러나 다른 때는 하루나 한 주 또는 몇 달, 심지어는 몇 년 후에 일어나기도 할 것이다.

씨를 뿌렸다. 그러나 그 씨가 어떤 사람들 안에서 금방 싹트기 시작했다고 해서, 다른 사람들 안에서도 반드시 그렇게 되는 것은 아니다. 때로는 오늘 뿌린 한 톨의 씨가 나중에까지 땅을 뚫고 나오지 못할지도 모른다. 언젠가 나는 우리의 추수 전도 집회용 전도지를 나눠주러 와이키키 중심가에 나갔던 어떤 아버지와 아들에 대한 이야기를 들은 적이 있다. 그 어린 소년은 아버지에게, 상당히 우람하고 위협적으로 보이는 모습에다, 문신도 새기고 몸에 구멍도 낸 한 남자에게 전도지를 주어도 되는지 물었다. 그 아버지는 다소 마지못해 승낙을 했고, 자기 아들을 가까이 지켜보았다. 그 소년은 조심스럽게 그 몸집이 크고 근육질인 사나이에게 다가갔고, 겁을 먹은 채 그에게 전도지를 주었다. 그 큰 사나이는 신속히 그 전도지를 낚아채어 손으로 돌돌 뭉

쳤다. 겉으로 보기에, 아무런 성과가 없는 만남인 것처럼 보였다.

그러나 일이란 것이 언제나 겉으로 보이는 대로 진행되는 것은 아니다.

그날 저녁, 그 집회에서 그리스도께 나아오라는 초청이 있었을 때, 그 소년과 그의 아버지는 운동장에서 앞으로 나아오고 있는 사람들을 맞이하는 상담자들로서 섬기고 있었다.

맨 먼저 나온 사람들 중 한 사람은 다름 아닌 와이키키 출신의 바로 그 건장한 사나이였고, 그리스도를 영접하기 위해서 왔다!

때때로, 오늘 우리가 뿌리는 씨들은 몇 달, 몇 년, 심지어는 몇 십 년 동안 땅을 뚫고 나오지 못할지도 모른다. 나는 많은 장례식에서 설교를 했는데, 거기에서 전에 고인들에게서 복음을 들었던 사람들이 결국 그리스도를 따르기로 결심하는 것을 보곤 했다. 그들 중 어떤 사람들은 여러 해 동안 복음 메시지를 들었다. 그러나 자신

들에게 복음을 전했던 사람들이 주님과 함께 하기 위해
떠난 다음에야, 그들은 자신들의 삶을 주님께 헌신할 결
심을 했다.

Chapter 4

던질 때를 알기

좋은 낚시꾼은 자신의 낚싯줄이나
그물을 던질 곳과 던질 때를 본능적으로 안다

우리의 신앙을 나누는 것도 마찬가지이다. 우리는 성령의 때(timing)와 인도하심에 민감해야 한다. 성경이 상기시켜 주듯이, 우리는 "때를 얻든지 못 얻든지 항상" 힘써야 한다(딤후 4:2). 이것은 "항상 당번(on duty)이어야 한다"라고도 번역할 수 있다. 우리는 주님에 관해 다른 사람들에게 말하게 될 때 준비가 되어 있어야 한다.

나는 몇 년 전 오하이오에 있는 어느 호수에서 선체 밖에 달린 프로펠러를 점검하고 있던 래리 쇼(Larry Shaw)라는 어부에 대한 이야기를 읽은 적이 있다. 그곳 만의 후미진 곳에서, 그는 호수면 가까이에 있는 큰 강꼬치 고기(muskellunge fish) 하나를 발견했다. 쇼는 즉시 보트의 시동을 건 후 그 물고기를 향해 전진했고, 불운하게도 몇 차례 낚싯줄을 던졌을 때 그 고기는 사라지고 말았다.

삼십 분 후, 쇼는 자신이 처음에 그 큰 강꼬치 고기를 발견했던 만으로 돌아왔다. 그런데 그 물고기가 다시 나타났다! 쇼는 전기 견지 모터를 다시 켜고 그 큰 물고기를 향했다. 그가 천천히 점점 가까이 다가갈 때, 갑자기 그 거대한 물고기가 보트를 향해 헤엄치기 시작했다. 쇼는 재빨리 가죽 장갑을 끼고 자신의 팔을 물속으로 밀어 넣어 그 물고기의 아가미 뒤쪽을 꽉 잡았다. 그 늙은 물고기는 몸부림치면서 몸을 뒤틀기 시작했다. 쇼는 그 커다란 강꼬치 고기를 보트 안으로 들어 올리는데 어려움을 겪었다. 다행히, 근처에 있던 한 어부가 도우러 왔고, 그들은 그 거대한 녀석과 씨름하면서 보트 안으로 잡아 올릴 수 있었다. 그 물고기는 무게가 53파운드(약 24Kg—역주)가 넘었다! 만일 그가 낚싯대와 릴을 사용했더라면, 그것은 아마도 지금까지 오하이오에서 잡힌 강꼬치 고기 가운데 가장 큰 것으로 기록을 깼을 것이다.

쇼는 자신이 잡은 물고기에 관해 질문을 받았을 때 다음과 같이 말했다.

"나는 적시 적소에 있었죠. 그리고 나는 어리석게도 그것을 꽉 잡았습니다."

그것은 우리가 사람을 낚을 때 동일하게 가져야 하는 태도이다. 즉, 복음을 나누려면 적시 적소에 있어야 하고, 또 "어리석게도" 위험을 무릅 써야 한다.

빌립—모범적인 복음전도자

사도행전에서, 우리는 빌립의 이야기를 읽게 된다. 빌립은 사마리아에서 복음을 나누는 사역을 성공적으로 감당하고 있을 때 광야로 가라는 하나님의 지시를 받았다(행 8:26). 그러나 상세한 청사진은 받지 못했다. 어떤 사람을 찾아가서 복음을 나누라고 하는지에 대한 언급이 전혀 없었다. 그저 가라는 명령만 받았다. 그러나 그가 거기에 도착했을 때, 그는 예수님이 이미 잡아 놓은 "큰 물고기"가, 즉 매우 중요하고 굉장히 부유한 사람으로 에디오피아 여왕의 모든 국고를 맡은 사람이 자신을 기다리고 있음을 알게 되었다.

당시 그는 신망을 받는 높은 지위에 있었음에도 불구하고, 공허했으며 따라서 인생의 의미를 찾고 있었다. 그러한 그의 탐구는 그를 세상의 영적 중심지인 예루살렘으로 이끌어 주었다. 비극적이게도, 그가 거기에서 발견한 것이라고는 살아 움직이는 활기찬 신앙이 아니라, 자신이 필요로 하는 것을 공급해 주지 못하는 냉랭하고 율법주의적이며 생명을 잃은 종교였다. 그러나 그는 그곳으로의 여행을 통해 한 가지 매우 귀중한 것―아마도 그것은 두루마리로 된 이사야서이었을 것임―을 얻게 되었다.

빌립은 그의 병거 옆으로 가다가 그가 그 두루마리를 크게 읽는 것을 알게 되었다. 진정 하나님께서 미리 준비하신 일이었다! 빌립은 준비가 되어 있었고, 또 자발적으로 그 사역을 하고 있었기 때문에, 그 사람을 그리스도께로 인도할 기회를 얻게 되었다.

실패처럼 보이던 것이 결국 성공으로 드러나다

조지 스미스(George Smith) 선교사는 자신의 사역이 실패라고 생각했었는지도 모른다. 그는 매우 짧은 기간 동안 아프리카에 있다가 그 곳에서 추방을 당했다. 스미스가 그곳을 떠날 때 그가 얻은 회심자라고는 고작해야 가난한 여성 한 사람뿐이었다. 그 일이 있은 후, 오래지 않아 그는 무릎 꿇고 아프리카를 위해 기도하다가 죽었다.

몇 년 후, 우연히 한 그룹의 남자들이 조지 스미스가 기도하던 장소를 발견하게 되었다. 뿐만 아니라 그들은 그가 아프리카를 떠날 때 남겨 두었던 한 권의 성경책도 함께 발견했다. 곧이어, 그들은 스미스의 사역의 유일한 결실이었던 그 여성을 만났다. 그녀는 그들과 함께 복음을 나누었고, 그리하여 그들은 믿게 되었다. 그들이 성경과 만나고, 또 스미스 선교사의 유일한 회심자였던 그 여성과 가졌던 만남의 결과는 장래에까지 영향을 미쳤다. 백년 후, 한 선교단체는 조지 스미스가 처음 시작했던 사역으로부터 1만 3천명 이상의 회심자가 나왔다는 것을 알게 되었다.

실제로, 조지 스미스의 이야기는 물고기를 잡는 유비보다는 하나의 씨가 뿌리를 내리는 유비가 더 잘 어울린다. 당신은 물고기를 잡았을 때를 분명히 안다. 하지만

당신이 다른 사람들과 함께 나눈 복음의 씨앗 한 톨에
대해서는 잊어버렸을지도 모른다. 아주 놀랍게도, 이윽
고 어느 날 그 씨앗이 땅을 뚫고 나온다. 그러므로 조지
스미스 선교사처럼, 우리는 계속해서 복음의 씨앗을 충
실히 뿌릴 필요가 있다. 왜냐하면 그것은 하나님께서 일
을 마치시기 전까지 결코 끝나지 않기 때문이다.

Chapter 5

기술을 연마하기

좋은 낚시꾼이 기술과 바른 기법(technique)을
가지고 있는 것은 중요하다

낚시꾼은 자신의 장비인 모조 미끼, 낚시 바늘, 찌,
추, 장대, 미끼 등을 알고 있다. 마찬가지로, 우리가 인
생이란 바다에서 사람들을 낚을 때, 우리는 적절한 도
구들인 하나님의 말씀과 성령의 인도를 사용해야 한다.
이것이 우리가 성경 각 부분을 기억해야 하는 이유이

다. 다시 빌립의 이야기로 돌아가자. 에디오피아의 그 고위 관리는 성서를 큰 소리로 읽다가 "선지자가 이 말한 것이 누구를 가리킴이뇨 자기를 가리킴이뇨 타인을 가리킴이뇨"(행 8:34)라고 빌립에게 물었다.

숙련된 "사람 낚는 어부"인 빌립은 자신의 도구들(이 경우는 하나님의 말씀)을 알고 있었으며, 그는 바른 낚시를 꺼내어 그 큰 물고기를 멋지게 낚을 수 있었다! 그는 물음에 답할 때 말문이 막히지 않았다. 그는 자신의 도구들을 알고 있었을 뿐만 아니라 그것들을 잘 사용했다.

성경을 사용하는 것은 여러 가지 이유로 매우 중요하다. 한 가지 예로서, 하나님은 자신의 말씀이 자신에게 헛되이 돌아오지 않을 것이라고 말씀하셨다. "비와 눈이 하늘에서 내려서는 다시 그리로 가지 않고 토지를 적시어서 싹이 나게 하며 열매가 맺게 하여 파종하는 자에게 종자를 주며 먹는 자에게 양식을 줌과 같이 내 입에서 나가는 말도 헛되이 내게로 돌아오지 아니하고 나의 뜻을 이루며 나의 명하여 보낸 일에 형통하리라"
(사 55:10-11).

알다시피, 내 말은 헛되이 돌아올 것이다. 당신의 말
도 마찬가지일 것이다. 그러나 하나님의 말씀은 결코
헛되이 돌아오지 않을 것이다. 말이 나온 김에, 나는 여
기에서 우리가 그 균형을 이해할 수 있도록 두 세 개의
중요한 생각을 덧붙이고자 한다. 성경을 인용할 필요가
있을 때, 그것은 꼭 킹 제임스 역 (그것 역시 우리의 문
화 속에서 이해되기 위해서는 현대에 맞게 개정될 필요
가 있다) 만을 인용해야 함을 의미하지 않는다. 당신이
성경을 인용할 때, 일부러 당신의 얼굴을 윤기 나게 할
필요가 없다. 그렇다고 그것을 인용할 때 큰 소리로 말
할 필요도 없다. (이런 것들은 흔히 그리스도인들이 하
는 것이지만, 그러나 내가 보기에 의도는 좋을지라도
효과는 거의 없는 것 같다.) 당신은 15파운드(약 6.1킬
로그램—역주)짜리 가족용 성경을 가져올 필요가 없
다. 당신은 성경을 대화적으로, 충실하게, 그리고 우호

적인 방식으로 인용하는 것이 좋다. 이런 까닭에, 성경의 많은 부분을 기억하는 것은 매우 유익하다.

당신의 서류가방이나 지갑에 성경책을 가지고 있는 것도 좋지만, 하나님의 말씀을 지니고 다닐 가장 좋은 곳은 당신의 마음(heart)이다! 시인은 이렇게 썼다.

"내가 주께 범죄치 아니하려 하여 주의 말씀을 내 마음에 두었나이다"(시 119:11).

바울은 이것을 주의 깊고 정확하게 하는 것의 중요성을 우리에게 일깨워 준다. 바울은 젊은 디모데를 가르치면서 "네가 진리의 말씀을 옳게 분변하며 부끄러울 것이 없는 일군으로 인정된 자로 자신을 하나님 앞에 드리기를 힘쓰라"(딤후 2:15)라고 말한다.

위의 '옳게 분변하며' 라는 말은 또한 "그것을 똑바르게 자르며"라고도 번역할 수 있다. 그것은 바울의 가죽 세공과 장막을 만드는 일뿐만 아니라 목공과 석공과 같은 일에서 요구되는 정확성에 대해 말하는 것이다. 그것은 성경을 바르고 정확하게 사용하는 것을 나타낸다.

어떤 사람이 당신에게 질문을 했는데 당신이 그에 대해 제대로 대답하지 못하다가, 때마침 (시간을 들여 암기해 두었던) 적절한 성구가 갑자기 당신의 마음에 떠올라서 그것을 다른 사람과 나누는 것은 신나는 일이다. 당신은 당신이 나누고 있는 것이 너무나 좋아서 기억해 두고 싶어한다.

당신의 무기를 어떻게 작동하는지 모른다면, 당신은 전쟁터로 가고자 하지 않을 것이다. 당신의 연장들 (특히 당신의 동력 연장들!)을 어떻게 작동하는지 모른다면, 당신은 집을 짓고자 하지 않을 것이다. 그리고 물론 당신의 낚싯대, 낚시 바늘, 모조 미끼, 그리고 미끼를 효과적으로 사용하는 법을 알지 못한다면, 당신은 많은 물고기를 잡을 수 없을 것이다.

Chapter 6

큰 물고기를 잡기 위해서는 팀워크가 필요하다

좋은 낚시꾼들은 함께 일하는 법을 안다

당신이 낚시를 하고 있는데 물고기가 낚시 바늘을 물면, 친구 한 사람이 옆에 서서 그물로 그것을 잡아야 한다. 정확히 래리 쇼가 자신의 53파운드짜리 강꼬치 고기를 자루에 넣는 것을 도왔던 오하이오의 또 다른 낚시꾼과 같이 말이다. 그것이 팀워크이다! 협력은 다른 사람들과 당신의 신앙을 효과적으로 나누는 데 꼭 필요한 열쇠이다.

당신은 예수님이 제자들을 파송하실 때 짝을 지어 파송하셨다는 것을 알고 있는가? 한 사람이 말씀을 전하는 동안, 다른 사람은 기도할 수 있었다. 나는 젊은 신자로서 내가 어떤 이유로 복음을 나눌 때 더 효과적이되는 법을 배우고 싶었는지를 기억하고 있다.

어느 날, 나는 내가 생각하기에 더 성숙하고 경험 있는 다른 두 그리스도인들과 함께 복음을 전하러 나갔다. 그들은 어떤 사람에게 다가갔고, 그들 중 한 사람이 그리스도에 관해 설명했다. 그 때 다른 그리스도인이 자신은 진정 그 설명에 동의하지 않는다고 말했고, 그들은 서로 논쟁하기 시작했다! 그 불신자는 그 두 사람에게 정나미가 떨어졌고, 급기야 그들이 몇 가지 신학의 중요한 사항들에 대해 논쟁을 벌이는 동안 딴 곳으로 가버리고 말았다. 분명, 우리는 그렇게 하기를 원치않는다.

한 팀을 이루어 일하는 것은 아주 멋진 축복일 수 있

다. 왜냐하면 당신이 어떤 사람에게 그리스도에 관해 말할 때, 그는 당신에게 당신이 대답할 수 없는 질문을 할지도 모르기 때문이다. 그러나 당신의 파트너는 할 수 있다(또는 그와 반대의 경우도 마찬가지이다). 아마도 더 중요한 것이 있다면, 그것은 한 사람이 복음을 전하는 동안, 다른 사람은 기도하는 것이리라.

의심할 여지없이, 복음을 나누는 것은 영적 전쟁이며, 우리 모두에게는 기도하는 역할이 있다. 성경은 이렇게 말한다.

"그런즉 심는 이나 물주는 이는 아무 것도 아니로되 오직 자라나게 하시는 하나님뿐이니라"(고전 3:7).

신자들이 함께 일하는 것에 대한 모범적인 예는 예수님께 자신들의 친구를 데리고 왔던 네 사람에 관한 복음서의 이야기이다. 주님이 사역하고 있던 집은 사람들로 붐볐고, 그래서 그들은 안으로 들어갈 수가 없었다. 그러나 그 충실한 친구들은 포기하지 않았다. 그들은 중풍에 걸린 자신들의 친구를 주님 앞에 내려놓기로 결정했다. 지붕을 통해서 말이다. 그래서 그들은 자신들의 임시변통의 들것을 가지고 지붕 위로 올라가 예수님이 말씀하시고 계신 집의 초가지붕을 뚫기 시작했다.

한번 그 장면을 상상해 보라. 그 어두침침한 작은 방에 계시던 예수님이 하나님 나라의 진리를 말씀하고 계시는데, 갑자기 먼지와 짚이 섞인 덩어리가 위에서 바닥으로 떨어진다. 먼지가 아래로 떨어지기 시작하고, 한 줄기 밝은 빛이 갑자기 방안으로 들어온다. 그 때 천장의 구멍을 통해 이 중풍병자가 들것에 누인 채로 아래로 내려온다. 그는 천천히 내려져 예수님 바로 앞에 이르게 된다.

예수님은 이 일로 자신의 말씀이 방해를 받았다고 화를 내셨는가? 아니다. 오히려 예수님은 행동으로 자신들의 훌륭한 믿음을 증명해 보인 그들에게 깊은 감명을 받으셨다. 그래서 그분은 그 사람을 고쳐 주셨을 뿐만 아니라, 그의 모든 죄마저도 용서해 주셨다.

알다시피, 만일 그들 중 어느 한 사람이 혼자서 그 일을 하려고 했다면, 자신의 친구를 예수님께로 데려올 수 없었을 것이다. 그 일은 두 사람에게도 힘들었을 것이다. 심지어는 세 사람도 힘들었을 것이다. 그러나 네 친구 모두가 함께 일했을 때, 결국 변화된 삶을 낳았다.

Chapter 7

낚시 바늘에 미끼를 달기

좋은 낚시꾼은 낚시 바늘에 미끼를 달 때와
다는 방법을 안다

오늘날에는 물고기 떼를 찾아내기 위해서 최신 기술을 이용하는 아주 많은 유형의 고성능 장치들이 있으며, 레이더와 전자 기기 그리고 수심 측정기를 활용한다. 심지어 요즘은 낚시꾼이 물 속을 몰래 들여다 보면서 물고기가 어디에 있는지 알아보기 위해 사용할 수 있는 특수 카메라도 있다고 한다. 게다가 원하는 대로 선택할 수 있는 모조 미끼들도 아주 많다.

우리가 사람을 낚으러 갈 때, 한 사람에게 유효하게 작용하는 것이 반드시 다른 사람에게도 유효하게 작용하는 것은 아니라는 사실을 우리는 확실히 이해할 필요가 있다. 나를 오해하지 않기를 바란다. 나는 본래의 복음이 모든 사람에게 같은 것이 아니라고 말하는 것이 아니다. 왜냐하면 그것은 진정 모든 사람들에게 똑같기 때문이다. 내가 나중에 지적하겠지만, 본질은 바로 그 메시지이다. 그러나 한편 우리는 처음에는 다른 사람들의 관심을 끌기 위해 다른 "미끼들"을 가지고 그들에게 접근해야 할 것이다.

물고기에 따라 미끼가 달라야 한다

예를 들면, 만일 어떤 사람이 마약과 알코올 두 가지 모두에, 또는 마약이나 알코올 둘 중 하나에 중독이 되어 있다면, 당신은 오직 예수님만이 그 사람이 그러한 것들로 채우려고 해 온 공허감을 채울 수 있다고 강조할 수 있을 것이다. 만일 당신 자신이 이전에 그런 것들과 싸운 적이 있다면, 당신은 한때 그런 보잘 것 없는 세상의 모조품들을 가지고 당신이 채우려고 했던 당신의 삶 속에 있던 공허감을, 하나님께서 어떻게 채우셨는지에 대해 당신의 개인적인 이야기를 나눌 수 있다. 만일 그것이 당신의 개인적인 경험이 아니라면, 당신은 아마도 당신이 개인적으로 알고 있는 사람들 중에서 그러한 전력으로부터 벗어나서 지금은 주님과 동행하는 삶을 살아가는 사람들의 이야기를 말해도 좋을 것이다.

만일 당신이 머지않아 죽을병에 걸린 사람이나 임종의 자리에 있는 사람에게 말하고 있다면, 그 사람에게 가장 중요한 것은 분명 그의 삶에 있는 공허감을 채우는 것이라기 보다는 오히려 영원을 준비하는 것이다. 당신은 우리가 예수 그리스도 안에 우리의 온전한 신앙과 신뢰를 둘 때 얻게 될, 오는 세상에서의 삶에 관한 성경의 중요한 약속들을 나눌 수 있을 것이다. 그리고 만일 당신이 하나님만이 채울 수 있는 공허감을 이성으로 채우려고 하면서, 계속해서 다른 이성과의 관계를 찾아다니고 있는 사람과 만나게 되면, 당신은 그를 결코 떠나거나 "차버리지" 않을 살아 계신 하나님과의 관계를 맺는 것이 무엇인지에 대해 말해 줄 수 있을 것이다.

기관총 복음전도

어떤 사람들은 자신들이 실제로 만나는 모든 사람들에게 주님에 관해 빠른 말로 설명할지도 모른다. 그것은 어느 정도 효과가 있을 수 있지만, 그러나 시간을 두고 한 사람과 복음을 나누는 것이 훨씬 더 효과적일 것이다. 예수님과 같이, 우리는 개개인의 특정한 필요를 알아볼 필요가 있다. 하나님은 우리가 무작정 발사하는 "기관총 사수들"이 아니라, 책임적인 "명사수들"이 되기 원하신다.

당신은 이미 알고 있는지 모르지만, 대부분의 사람

들에게 있어서 그들이 좋아하는 화제는 그들 자신이다. 그런 이유로, 신앙을 나누는 가장 좋은 방법들 중 하나는 그냥 듣는 것이라는 것을 나는 알게 되었다. 맞다. 그러니 들어라.

당신은 이런 유형의 복음전도를, 진찰을 받고자 의사를 방문하는 것에 비교할 수 있다. 의사는 대개 "어디가 아프시죠?"와 같은 말을 하면서 시작한다. 그가 그렇게 하는 것은 정확한 진단을 하기 위해서다. 그런 다음, 그는 당신의 통증이나 병에 대한 설명을 주의 깊게 들으면서, 적절한 약을 처방하거나 다른 적절한 조치를 취한다.

마찬가지로, 다른 사람들과 그리스도를 나누기 시작하는 최선의 방법들 중 하나는 그들에게 그들 자신들에 관해 묻는 것이다. 그들의 가족과 배경을 알도록 하라. 많은 주제들에 관해 그들은 어떻게 생각하는지 그들에게 물어라. 그러나 당신은 한 사람이 자신의 생각을 나눌 때 즉시 그 사람과 언쟁하면서 시작하기를 원치 않는다. 다음과 같은 말은 그 사람으로 하여금 자신을 방어하게 만들 뿐이다. "당신은 정말로 그와 같이 바보 같은 것을 믿나요?" "참, 바보군요!' 또는 "또 틀리다니, 문외한이군요."

그냥 들어라. 그리고 그것을 받아들여라. 그러면 당신의 차례가 올 것이다. 그 사람이 하는 말을 듣고, 그 말을 토대로 대화하려고 하라. 실제로, 이것이 예수님께서 우물가의 여인과 대화를 나눌 때 (단지 그녀에게 말하는 것이 아니라) 그분이 하신 것이다. 예수님은 그녀에게 물으셨다. 예수님은 그녀로 하여금 속내를 털어놓게 하셨다. 예수님은 들으셨다. 그리고 그분은 응답하셨다. 그리하여 그날 대화가 이루어졌다.

소통은 매우 중요하다

예수님, 최고의 소통자

지금까지 당신은 예수님이 결코 두 사람을 똑같은 방식으로 대하신 적이 없다는 것을 알고 있는가? 예수님은 사람에 따라 자신의 접근 방식에 변화를 주었다. 어찌 되었건, 그분은 최고의 소통자(the Master Communicator)였다. 다른 사람들을 대할 때 그분의 지배적인 태도는 긍휼이었다.

우리는 특히 그러한 예를 예수님이 우물가에서 만났

던 한 사마리아 여인과의 만남의 이야기에서 보게 된다 (요 4:3-42). 성경은 예수님이 자신의 바쁜 일정과 또 자신이 해야 할 일이 많이 있음에도 불구하고, "사마리아로 통행해야" 했다고 전한다. 분명히, 예수님은 그 지역에 있는 어떤 한 우물로 외롭고 또한 상처를 지니고 살아가는 한 여인이 올 거라는 사실을 미리 알고 계셨다. 예수님이 우물에서 그녀를 기다리고 있을 때, 그녀가 그날 한참 더운 시간에 그곳으로 물을 길러 왔다. 그녀는 버림받은 여인이었고, 부도덕한 생활로 잘 알려져 있었다. 그녀는 여러 번 결혼을 했지만, 불행하게도 매번 이혼으로 끝이 났다. 그리고 그녀가 예수님을 만났을 때, 그녀는 한 남자와 부도덕한 관계를 맺으며 살고 있었다.

만일 누군가 (가두연설대로 사용되는) 빈 궤짝에 올라가서 그녀가 저지른 성적인 죄에 대해 강하게 설교할 권리를 가진 사람이 있다면, 그는 바로 예수님이다! 그분은 그녀에 관한 모든 것을 알고 계셨다. 그분은 지금까지 그녀가 지은 모든 죄를 말할 수도 있었다. 그러나 예수님은 그렇게 하지 않으셨다.

두 사람의 대화가 조금 더 진행되자, 그녀는 예수님께 대답할 때 다소 무례해졌다. 예수님은 "회개하라, 이 간음한 여인아!"라고 응수할 수도 있었을 것이다. 그렇지만 흥미롭게도 예수님은 그렇게 하지 않으셨다. 예수님은 진정 이 여인을 괴롭게 만들고 있던 내적인 문제가 무엇인지를 정확히 알고 계셨다. 예수님은 그녀에게 그녀의 부도덕한 생활방식에 대해 역설하는 대신에, 그녀의 문제의 본질―그녀는 텅 비어 있었고 하나님으로부터 소외되어 있었다는 것―로 향했다. 그런 다음, 예수님은 애정 어리고 재치 있는 말씀으로, 그녀가 전에 남자들로 채우려고 했던 자신의 삶 속에 있는 공허감을 하나님으로서의 자신이 채울 수 있다고 그녀에게 말씀하셨다. 예수님은 본래 그녀에게, 만일 그녀가 (인간) 관계들의 "우물"에서 물을 마신다면, 그녀는 다시 목마를 것이라고 말씀하셨다. 그러나 만일 그녀가

생명의 물인 예수님의 우물에서 물을 마신다면, 그녀
는 결코 다시는 목마르지 않을 것이다.

그 여인에 대한 예수님의 접근은 오늘날 의도는 좋지
만 제대로 훈련받지 못한 많은 그리스도인들과 얼마나
다른가? 그들은 마치 자기들이 로봇인 것처럼, 자신들
이 만나는 각각의 사람들의 필요는 아랑곳 하지 않고
그들에게 언제나 똑같은 진부한 상투어를 청산유수처
럼 말한다.

바울도 예수님처럼 "사람 낚는" 법을 알고 있었다

이것이 바로 사도 바울이 아덴 사람들에게 말씀을 전
할 때 그가 사용했던 전략이다. 그 당시 아덴은 세상의
문화와 지성의 중심지였다. 그러나 바울은 놀랄 만한
건축물과 빛나는 기념물들이 있는 이 화려한 도시의 길
을 따라 걸어가는 동안, 괴로운 마음이 들었다. 그가 보
는 곳마다, 상, 제단, 신전 그리고 몇몇 신들의 전당이

서 있었다. 그것들은 돌, 놋쇠, 그리고 심지어는 금, 은, 상아 그리고 대리석으로 만들어졌다. 그것들은 아름다운 예술 작품들이었지만, 그럼에도 불구하고 그것들은 우상들이었다. 그 도시는 우상들로 뒤덮여 있었다. 실제로, 그 당시 아덴에서는 우연히 하나의 신을 만나는 것이 한 사람을 만나는 것보다 더 쉬웠다는 말이 있다.

바울은 이 아덴 사람들 앞에 나타났을 때 그들에게 무엇을 말할 것인가에 관해 생각하면서 주의 깊게 기도했다. 분명히, 그는 우상과 잘못된 숭배를 책망하는 설교를 할 수도 있었을 것이다. 그러나 바울은 그 모든 것의 이면에 무엇이 있는지 알고 있었다. 사람들은 대부분 무지했다. 그들은 진정 더 나은 것을 알지 못했다. 그래서 바울은 그들 앞에 서서 다음과 같이 말했다.

"아덴 사람들아 너희를 보니 범사에 종교성이 많도다 내가 두루 다니며 너희의 위하는 것들을 보다가 알지 못하는 신에게 라고 새긴 단도 보았으니 그런즉 너희가 알지 못하고 위하는 그것을 내가 너희에게 알게 하리라"(행 17:22-23).

더할 나위 없이 훌륭한 서두이다! (바울과 그들 사이를) 중재하는 말이다. 그 때, 아덴 사람들은 진정 듣고 있었다고 나는 확신한다.

논쟁을 피하라

또 하나의 실제적인 힌트가 있다. 논쟁에 말려들지 말라는 것이다. 성경은 다음과 같이 우리에게 상기시켜 준다.

> 어리석고 무식한 변론을 버리라 이에서 다툼이 나는 줄 앎이라 마땅히 주의 종은 다투지 아니하고 모든 사람을 대하여 온유하며 가르치기를 잘하며 참으며 거역하는 자를 온유함으로 징계할지니 혹 하나님이 저희에게 회개함을 주사 진리를 알게 하실까 하며 저희로 깨어 마귀의 올무에서 벗어나 하나님께 사로잡힌바 되어 그 뜻을 좇게 하실까 함이라.(딤후 2:23-26)

우물가의 여인은 사마리아 사람들과 유대인들 사이의 종교적이고 문화적인 차이점들에 관해 예수님과 논쟁을 벌이려고 했다. 예수님은 쓸데없는 논의를 하는 대신에 그녀를 다시 중심 메시지로 이끌었다.

지금까지 논쟁을 통해 설득되어 하나님의 나라에 들어간 사람은 아무도 없다. 언쟁을 해야 할 자리가 있고, 또 자신의 주장을 분명하게 밀고 나가야 할 자리가 있다. 그러나 한편 우리는 우리의 목표를 잊지 않도록 주의해야 한다. 우리의 목표는 한 영혼을 그리스도께로 인도하는 것이지, 논쟁에서 이기는 것이 아니다.

우리에게는 재치가 필요하다

우리는 오늘날 많은 신자들의 복음전도 도구상자에 거의 없는 중요한 한 가지를 활용할 필요가 있다. 그것은 재치라는 것이다. 재치는 본질적으로 당신이 다른 사람의 입장이 되어보는 것을 말한다. 그것은 무엇을 말하고 또 그것을 언제 말할 것인가에 대해 직관적으로 알아차리는 것이다. 우리는 쓸데없이 우리가 말하고 있는 그 사람을 멀리할 필요가 없다.

나는 어느 젊은 그리스도인 이발사에 관한 이야기를 읽은 적이 있다. 그는 어느 날 밤에 어떤 모임에 참석했는데, 그 때 그 모임의 강사는 다른 사람들과 복음을 나눌 필요성을 강조했다. 그 이발사는 자신에게 그 부분이 부족하다는 것을 알고 있었다. 그래서 그는 다음날 이발하러 오는 첫 번째 손님에게 복음을 전하기로 마음먹었다.

다음날 아침, 그 이발사는 손님이 의자에 앉자 그의 목 주변에 이발용 천을 두른 후에, 면도날을 힘차게 가죽숫돌에 갈기 시작했다. 그는 면도날을 다 간 후에 얼마나 잘 드는지 시험을 해 본 다음, 의자에 앉아 있는 그 사람에게로 돌아서면서 엉겁결에 이렇게 말했다.

"이보시오, 손님. 손님은 죽으면 하나님을 만날 준비는 되어 있으신 거요?"

그 순간, 그 남자는 면도날을 보고는 기겁을 하고서 문 밖으로 달아났다. 천을 두르고 있는 상태 그대로 도망친 것이다! 이발사는 바른 의도를 가지고 있었다. 그에게 필요한 것은 단지 약간의 재치를 사용하는 것이었다.

다시금 빌립에 대한 이야기로 돌아가자. 그 복음전도자는 에디오피아에서 온 그 탐구적인 사람과 복음을 나눌 때 자신의 재치를 훌륭하게 발휘했다. 그 사람이 이사야서를 크게 읽을 때, 빌립은 그 사람 옆으로 다가가 "읽는 것을 깨닫느뇨"(행 8:30)라고 물었다. 그것은 우호적이고 중재하는 말투다. 그는 "이것 봐, 당신. 그래, 당신. 이교도인 당신 말이야! 당신은 지옥에 갈 거라는 것을 알고 있나?"라고 화나게 하지 않았다.

대신에, 그는 그 사람에게 다가가려고 애썼다. 그러자 그 에디오피아 사람도 같은 방법으로 이렇게 대답했다. "지도하는 사람이 없으니 어찌 깨달을 수 있느뇨"(행 8:31). 그런 다음, 그는 자신을 가르칠 수 있도록 빌립을 청하여 자신의 병거에 앉게 했다. 재삼, 그 결과는 회심이었다.

바울은 이것을 다음과 같이 요약했다.

> 유대인들에게는 내가 유대인과 같이 된 것은 유대인들을 얻고자 함이요 율법 아래 있는 자들에게는 내가 율법 아래 있지 아니하나 율법 아래 있는 자 같이 된 것은 율법 아래 있는 자들을 얻고자 함이요 율법 없는 자에게는 내가 하나님께는 율법 없는 자가 아니요 도리어 그리스도의 율법 아래 있는 자나 율법 없는 자와 같이 된 것은 율법 없는 자들을 얻고자 함이라 약한 자들에게는 내가 약한 자와 같이 된 것은 약한 자들을 얻고자 함이요 여러 사람에게 내가 여러 모양이 된 것은 아무쪼록 몇몇 사람들을 구원코자 함이니 내가 복음을 위하여 모든 것을 행함은 복음에 참예하고자 함이라.(고전 9:20-23)

Chapter 9

말할 만한 가치가 있는 이야기

당신 자신의 이야기를 말하라

예수 그리스도와 관계를 맺지 않은 사람과 그분을 "이어주는" 최선의 방법들 중 하나는 당신의 개인적인 간증이다. 그것은 기본적으로 당신이 어떻게 그리스도 예수께 나아오게 되었는지에 대한 당신 자신의 이야기이다. 당신의 간증이 지닌 굉장히 좋은 점은 설사 당신이 상대적으로 오래된 신자가 아니라 하더라도, 당신은 여태 하나님께서 당신을 위해 개별적으로 행하신 것을 나눌 수 있다는 것이다.

예수님이 기적적으로 치유해 주신 소경을 생각해 보라. 그 소경이 "그가 죄인인지 내가 알지 못하나 한 가지 아는 것은 내가 소경으로 있다가 지금 보는 그것이니이다"(요 9:25)라는 유명한 대답을 했을 때, 그는 종교 권위자들에게 둘러싸여 미묘한 신학의 요소들에 관한 질문을 받고 있었다.

개인적으로 볼 때, 그 설명은 오늘날 대부분 이 세상 사람들이 알고 있는 것을 훨씬 넘어선다. 비록 어떤 사람이 당신이 믿는 것에 이의가 있을지라도, 그들은 실제로 당신에게 일어난 것을 부정할 수 없다.

당신은 그 사람에게 그리스도께 오기 전의 당신의 삶과 태도에 대해 말해 줄 수 있을 것이다. 그런 다음, 그 이후에 온 변화들을 설명하도록 하라. 어떤 불신자가 자신의 삶에 대해 당신이 이야기할 수 있는 것을 볼 때, 그는 당신이 말하는 것을 더 잘 받아들이게 될 것이다. 어떤 면에서, 그것은 진정 아주 많은 말로 설교를 하지 않고도 그에게 직접적으로 설교하는 것이나 다름없다.

당신은 다음과 같이 말할 수 있을 것이다. "나는 나의 생명을 그리스도께 드릴 필요가 있다고 그 그리스도인이 말하는 것을 들었어요. 물론, 나의 처음 생각은 이랬지요. '나는 착한 사람이오. 내게는 진정 예수가 필요 없소. 그는 약한 사람들에게나 필요한 존재요.' 그러자 그 때 그 그리스도인이 이렇게 말했어요"라고 말한 다음에, 당신은 당신의 변명에 대한 그 사람의 대답을 설명해 줄 수 있을 것이다. 알다시피, 그렇게 할 때, 당신은 다른 사람의 입장이 되어보는 것이다.

당신과 똑같은 이야기를 가지고 있는 사람은 아무도 없다

사도 바울이 복음을 나눌 때 얼마나 자주 자신의 개인 간증을 사용했는지에 주목하는 것은 흥미롭다. 당신은 당대에 탁월한 지식으로 훈련을 받았을 뿐만 아니라, 성경을 아주 확실하게 깨닫고 또 잘 이해하고 있던 이 뛰어난 지성인이, 다른 사람에게 복음을 전할 때 자신의 해박한 지식과 웅변술에 의존했을 거라고 생각할 것이다. 그렇지만 바울은 적잖이 개인적인 간증을 사용했다. 로마의 총독들과 지도자들 앞에 섰을 때, 바울은 자신이 어떻게 예수 그리스도를 자신의 구주와 주님으로 알게 되었는지에 대한 개인적인 이야기를 말하면서 시작하곤 했다.

모든 믿는 자에게는 간증이 있다. 가령 어떤 사람들은 다른 사람들보다 더 극적이라 하더라도, 어딘가에 틀림없이 당신과 같은 사람이 있게 마련이다. 나는 앞서 만일 당신이 그리스도인이 되기 전에 개인적으로 마약이나 알코올 같은 것과 싸운 적이 있다면, 당신은 하나님께서 당신이 이전에 물질적인 것들을 가지고 채우려고 했던 당신의 삶에 있던 공허감을 어떻게 채우셨는지를 보여주면서 그 사실을 나눌 수 있다고 언급했다.

당신은 이렇게 말할지도 모르겠다. "그렇지만 그럭

목사님, 나에게는 전혀 그런 전력이 없습니다. 사실, 나는 상대적으로 올바르고 도덕적인 삶을 살아왔습니다.” 아마도 당신은 될 수 있는 대로 이해심 많고 돌보는 삶을 살려고 노력했을 것이다. 하지만 당신의 삶에는 여전히 무언가(something) 빠져 있는 것이 있었다. 어느 날, 당신은 그 “무언가”가 “누군가”(someone)였다는 것을 깨달았다. 당신은 예수님이 필요했고, 그리하여 그분을 믿게 되었다. 당신은 당신이 착했다하더라도 완전히 착하지는 않았음을 깨달았!

그것은 설득력 있는 간증이라고 생각하지 않는가? 그것은 참으로 범죄나 갱 또는 마약을 하던 삶에서 벗어난 사람의 이야기만큼 설득력이 있다. 그것은 진정 색다르다. 본질(the bottom line)에 이르고 보면, 우리 모두에게는 본래 동일한 간증이 있다. 우리는 모두 죄로 인해 하나님으로부터 멀어졌다. 우리는 모두 (하나님과 우리 사이의) 그 경계선을 고의적으로 그리고 반복적으로 그었다. 우리 모두에게는 구원자가 필요했다.

우리가 빈털터리이었든, 성공한 사람이었든, 우리는
여전히 하나님 밖에 있었다. 그러나 그 때 예수님이 우
리 안으로 들어오셨다.

과거를 과장해서 말하거나 예찬하지 마라

때때로 우리에게는 우리가 얼마나 나빴는지 과장하
거나, 상태가 실제보다 좀 더 나쁘게 들리게 하고 싶은
유혹이 있다. 당신의 이야기를 말할 때는 늘 진실하고
정직해야 한다. 나는 몇몇 그리스도인들이 자신들의 개
인적인 간증을 나누는 것을 들었는데, 그들은 각각의
이야기를 말할 때 좀 더 극적이 되게 하려고 하는 것처
럼 보였다.

나는 당신의 개인적인 이야기를 나누는 것에 관하여
한 가지 사항을 더 추가하고 싶다. 당신이 하나님을 위
해 포기한 것에 초점을 맞추지 말고, 반드시 하나님이
당신을 위해 포기하신 것에 초점을 맞추라는 것이다.

예를 들면, 어떤 사람들은 흥분하여 그리고 열정적으로 자신들이 주님을 알기 전의 "과거"를 생생하게 묘사하는 나머지, 듣는 이들로 하여금 자신들의 과거의 삶이 새로운 삶보다 더 나았다고 여기고 있는 것 같은 인상을 준다. 또는 그들은 자신들이 예수님을 따르기 위해 치른 큰 희생에 대해 말할지도 모른다. "나의 옛 삶에는 모든 것이 있었습니다. 여자, 파티, 즐거움, 성공, 돈. 당신이 이름을 대는 모든 것이 내게는 있었지요!"라고 그들은 말할지도 모른다. 그런 다음, 얼굴은 어두운 표정을 하고 눈에는 눈물을 글썽이면서, 약간 독특한 목소리로 이렇게 힘주어 말한다.

"하지만 저는 그 모든 것을 그리스도를 위해 포기했다고 말하기 위해 이 자리에 나왔습니다. 할렐루야!"

다시 말하지만, 당신이 하나님을 위해 포기한 것을 강조하지 말고, 하나님께서 당신을 위해 포기하신 것을 강조하라. 하나님은 당신을 위해 자신의 사랑하는 아들을 보내주셔서 그분의 생명을 갈보리 십자가 위에서 희생하도록 하셨다.

십자가로 직행하라

나는 이미 바울은 자신이 어떻게 해서 그리스도께 나아오게 되었는지를 설명하기 위해 종종 개인적인 간증을 사용했다고 말한 바 있다. 그렇지만 그는 언제나 "십자가로 직행"했다. 다른 말로 하면, 그는 언제나 예수 그리스도의 죽음과 부활의 메시지로 돌아갔다.

바울은 이렇게 썼다. "형제들아 내가 너희에게 나아가 하나님의 증거를 전할 때에 말과 지혜의 아름다운 것으로 아니하였나니 내가 너희 중에서 예수 그리스도와 그의 십자가에 못 박히신 것 외에는 아무 것도 알지 아니하기로 작정하였음이라"(고전 2:1-2).

우리가 (하나님께 대해) 잃어버린 이 세상에 선포해야 하는 이 복음 메시지는 정확히 무엇인가? 바울은 고린도전서 15장 1-4절에서 다음과 같이 복음을 간략하게 요약한다.

> 형제들아 내가 너희에게 전한 복음을 너희로 알게 하
> 노니 이는 너희가 받은 것이요 또 그 가운데 선 것이라
> 너희가 만일 나의 전한 그 말을 굳게 지키고 헛되이 믿
> 지 아니하였으면 이로 말미암아 구원을 얻으리라 내가
> 받은 것을 먼저 너희에게 전하였노니 이는 성경대로
> 그리스도께서 우리 죄를 위하여 죽으시고 장사 지낸바
> 되었다가 성경대로 사흘 만에 다시 살아 나사.(고전
> 15:1-4)

이 개념을 당신의 마음 속 깊이 새겨 두라. 한 마디로
말해서, 복음은 그리스도께서 우리의 죄를 위해 죽으
시고 장사되었다가 삼 일만에 다시 살아나셨다는 것이
다. 내가 언급할 수 있는 다른 요소들도 있지만, 그러나
그것이, 즉 예수 그리스도의 죽음과 부활이 토대이다.
언젠가 어떤 사람이 스펄전 목사에게 그의 기독교 신앙
을 몇 마디로 요약해 줄 수 있는지를 물었다. 그는 이렇

게 대답했다.

"네 마디면 충분하지요. 예수님께서 나를 위해 죽으셨다."

당혹케 만든 개인적 경험

그리스도인으로서의 초기 시절, 나에게는 일찍이 성경을 아는 것이 왜 중요한지에 대해 내게 가르쳐준 귀한 경험이 있다. 왜냐하면 나는 준비가 되어 있지 않았고 결과적으로 창피를 당했기 때문이다.

그 일은 내가 이 책의 첫 부분에서 말했던 그 부인을 주님께로 인도하는 특권을 누린 후, 얼마 있지 않아 생겼다. 나는 복음을 함께 나눌 더 많은 사람을 찾아 뉴포트 비치(Newport Beach) 거리로 나갔다. 잠시 과거를 회상해 보겠다. 내가 어린 시절부터 알고 지내던 그렉(Gregg)이란 이름의 친구가 있었다. 내가 나의 삶 속으로 주님을 영접한 후 곧바로, 나는 우연히 그렉을 만났고 그 친구에게 나의 결정에 대해 말했다. 그의 얼굴에 비친 걱정하는 표정을 보면서, 나는 다음과 같은 말로 그를 안심시켰다.

"이봐, 그렉. 걱정하지마. 나는 손에는 성경을 들고 목에는 십자가를 걸고 '주님을 찬양하라' 라고 말하면서, 여기 저기 걸어 다니는 그런 종교 광신자들 중 한 사람이 되지는 않을 테니까 말이야. 나는 내 방식대로 할 거야."

그렉은 자기를 안심시키려는 나의 말에 만족하는 듯 보였다. 나는 두세 주간 그를 보지 못했고, 복음을 나누고자 하는 나의 열정은 그 부인을 그리스도께 인도한 후에 좀 더 강해졌다. 내가 뉴포트 비치 거리를 따라 걸어갈고 있을 때, 나를 향해 오고 있는 한 사람이 있었다. 바로 그렉이었다. 내 손에는 성경이 있었고, 목에는 십자가를 걸고 있었다(아마도 당신은 그 모습을 상상할 수 있을 것이다). 무심코, 나는 그렉을 향해 이렇게 말했다.

"주님을 찬양하라!"

우리 두 사람은 큰 소리로 웃고 말았다. 그 친구는 자신의 눈을 믿을 수가 없었을 것이다. 나는 이렇게 말했다.

"그렉, 나도 이렇게 하는 것이 정신 나간 짓처럼 보인다는 것을 잘 알고 있어. 하지만 예수님은 정말로 계실 뿐만 아니라 나의 삶을 이토록 변화시켜 놓았기 때문에, 나는 여기 해변에 나와서 사람들에게 그분에 관해 말하고 있는 거야!"

그 친구는 나의 말에 귀를 기울이고 있었다.

나는 내 친구 그렉이 그리스도인이 된다면 어떨까? 라고 속으로 생각했다. 그래서 나는 그와 함께 그리스도께서 말씀하신 것과 그분을 아는 방법을 나누기 시작했다.

그 친구는 흥미를 느끼는 것 같았다.

나는 계속했고, 그 친구가 그리스도께 나아올 수 있을 것 같아 가슴이 벅차 올랐다. 그 때 갑자기 어떤 사람이 우리의 이야기를 가로막았다. 우리의 대화를 엿듣고 있던 사람이었다.

"그러니까 자네는 그리스도인이지?"라고 그는 개가 짖듯이 큰 소리로 말했다.

나는 진지하게 그렇다고 말했다.

"근데 말이야, 그리스도인. 나는 자네에게 몇 가지 질문할 것이 있거든!"

나는 속으로 이렇게 말했다. 시작하시죠. 나는 이미 주님을 믿은 지 두 주나 되었거든요. 나는 어떤 것에 대해서도 준비가 되어 있단 말이에요!

그런 다음 그 사람은 대략 네 다섯 가지의 대답하기 힘든 질문을 연이어 퍼부었고, 나는 그것들에 어떻게 대답해야 할지 몰랐다.

그렉이 끼어들었다.

"그래, 로리. 그 모든 것에 대해 어떻게 생각하지?"

나는 말을 못했고 또 당황했다.

"잘 모르겠는데요"라고 나는 소심하게 말했다. 곧이

어 그 두 사람 모두 떠나갔고, 나는 마치 하나님을 실망시킨 것 같은 느낌이 들었다. 그러나 그 경험은 나에게 일종의 전환점이 되었다. 그로 인해 나는 성경을 탐구하게 되었다. 베드로전서 3장 15절에 이런 말씀이 있다. "너희 마음에 그리스도를 주로 삼아 거룩하게 하고 너희 속에 있는 소망에 관한 이유를 묻는 자에게는 대답할 것을 항상 예비하되 온유와 두려움으로 하고."

이 기술은 꾸준히 사용할 때 발전한다. 그러므로 반복적으로 계속해서 그것을 하라.

Chapter 10

복음의 토대

복음이란 정확히 무엇인가?

복음!

오늘날 우리는 사람들이 불쑥불쑥 그 말을 하는 것을 수도 없이 듣게 된다. 우리는 특정한 형식의 음악을 "복음 음악"(gospel music)이라고 부르는데, 그것은 그 음악이 가지고 있는 특정한 소리 때문에 그렇게 불린다. 우리가 진정 어떤 사람이 우리가 말하는 것을 믿게 하기 원한다면, 우리는 이렇게 덧붙여야 할 것이다.

"들어보십시오. 이것은 '복음 진리'(the 'gospel truth')입니다!" 그러나 슬프게도, 오늘날의 문화에서 복음이란 말은 대체로 그 의미를 잃어 버렸다.

대부분의 미국인들—세상에 있는 나머지 사람들보다 훨씬 적은 수의 사람들—은 실제로 복음을 듣지 못했다는 것이 나의 개인적인 생각이다. 우리는 실제로 몇몇 사람들이 그 용어가 정말로 무엇을 의미하는지를 알지 못하는 것처럼 보임에도 불구하고, 자신들은 "복음을 전하고 있습니다"라고 말하는 것을 듣는다. 말이 났으니 하는 말인데, 나는 교회 자체 안에 복음 메시지가 정말로 무엇인지 실제로 알지 못하는 사람들이 놀랄 만큼 많이 있을 거라고 생각한다. 한 설문조사에 따르면, 심지어는 교인들 중 75퍼센트가 요한복음 3장 16절이 무엇인지 알지 못한다.

복음이란 무엇인가? 복음이 정확하려면, 그 안에 어떤 요소들이 있어야 하는가? 우리가 알고 있어야 할 가짜 복음들이 있는가? 당신은 이렇게 말할지도 모른다.

"그것은 설교자들과 신학자들이 평가하도록 그들에게
맡겨둘 것입니다. 내가 아는 것은, 나는 이미 구원을 얻
었고 천국에 갈 거라는 것입니다!"

그러나 잠시 기다리기 바란다! 우리 모두는 다음의
두 가지 중요한 이유 때문에 복음이 무엇인지를 알 필
요가 있다. (1) 우리는 우리가 참된 복음을 들었고 또
그것에 응답했다는 것을 확인하기 원한다. 우리가 우리
에게 있다고 생각하는 구원에 관한 잘못된 희망을 품지
않도록 하기 위해서다. 그리고 (2) 예수님은 우리에게
"너희는 온 천하에 다니며 만민에게 복음을 전파하라"
(막 16:15)라고 말씀하셨다!

이 말씀은 단순히 목회자들, 교사들, 복음전도자들
그리고 선교사들에게 하신 것이 아니다. 오히려 그것은
예수 그리스도를 따르는 모든 제자들에게 하신 것이다.
우리는 이 문제(subject)에 자유롭거나 무관심할 수 없
다. 왜냐하면 사람들의 거짓 없는 영원한 운명이 어떻
게 될지 모르기 때문이다.

당신은 자신이 무엇을 하고 있는지 진정 알지 못하면서 환자 몸의 일부를 절단하기 시작하는 외과 의사를 어떻게 생각하는가? 한 번의 실수로, 그 사람은 평생 동안 불구의 몸이 될 수도 있고, 심지어는 수술대에서 죽을 수도 있다. 그렇지만 우리가 전하는 이 메시지의 영향은 그것보다 훨씬 더 광범위하다. 왜냐하면 영원한 결과가 있기 때문이다. 그럼에도 불구하고 아주 많은 사람들이 이 영역에 부주의한다.

복음의 중요한 요소들은 무엇인가?

복음이 복음 되기 위해서는 어떤 요소들이 있어야 하는가? 전문적인 용어로 정의하면, 복음은 "좋은 소식"을 뜻한다. 우리는 모두 "내게는 좋은 소식도 있고 나쁜 소식도 있습니다"라는 말을 들어왔다. 그런 말을 듣자마자, 우리는 대개 가장 나쁜 것을 알고 싶어한다.

당신은 의사가 환자에게 "좋은 소식도 있고 나쁜 소

식도 있습니다"라고 말하는 것을 들어봤을 것이다.

환자가 "좋은 소식은 무엇인가요?"라고 물었다.

의사는 "당신은 3주 밖에 살지 못 합니다"라고 대답했다.

환자는 버럭 화를 내면서 "그것이 좋은 소식이라면, 나쁜 소식은 무엇이죠?"라고 물었다.

의사는 "그 사실을 2주전에 말했어야 했다는 겁니다"라고 대답했다.

이것을 복음에 적용하면, 나쁜 소식은, 우리는 모두 거룩하신 하나님 앞에서 죄인들로 서 있다는 것이다. 우리가 누구이든지 간에, 우리는 모두 죄를 지었다. 때로는 모르고 지었지만, 그러나 고의로 지었던 경우가 더 많다. 그렇지만 보석 상인이 아름다운 반지나 목걸이 조차도 그것의 아름다움을 돋보이게 하기 위해 어두운 벨벳(velvet) 배경에 진열하듯이, 하나님은 먼저 우리에게 나쁜 소식을 말씀하심으로 우리에게 좋은 소식(복음)이 얼마나 좋은지를 보이기로 하셨다.

일단 우리가 우리의 전적인 연약함을 깨닫게 되면, 다시 말해 우리의 비참한 상황을 완화시키기 위해 우리가 할 수 있는 것이 아무 것도 없음을 깨닫게 되면, 우리는 하나님이 우리에게 주신 궁극적인 선물을 더 잘 이해할 수 있게 된다.

"우리가 아직 연약할 때에 기약대로 그리스도께서 경건치 않은 자를 위하여 죽으셨도다 의인을 위하여 죽는 자가 쉽지 않고 선인을 위하여 용감히 죽는 자가 혹 있거니와 우리가 아직 죄인 되었을 때에 그리스도께서 우리를 위하여 죽으심으로 하나님께서 우리에게 대한 자기의 사랑을 확증하셨느니라"(롬 5:6-8).

잠시 동안 이 말씀을 곰곰 생각해 보라. 우리들 죄의 어두운 배경을 등지는 구원의 아름다움을 숙고해 보라. 하나님은 여하튼 우리가 이 선물을 받을 만한 자격이 있기 때문에 우리에게 그것을 주신 것이 아니다. 그분은 우리가 그만큼 받을 만한 자격이 없기 때문에 우리에게 그것을 주셨다. 하나님의 정당한 요구를 충족시킬 다른 방법은 없다. 우리는 전적으로 우리 자신을 개선할 수 없었으며(우리 자신을 구원하는 것은 더더욱 할 수 없었다), 우리는 우리의 죄 때문에 장차 지옥에 가야 할 상황에 직면해 있었다. 그렇지만 사랑이 풍성한 하나님은 하늘로부터 자신의 아들 예수 그리스도를 보내주시고 우리를 위해 십자가 위에서 죽게 하셨다. 바울이 "…이제 내가 육체 가운데 사는 것은 나를 사랑하사 나를 위하여 자기 몸을 버리신 하나님의 아들을 믿는 믿음 안에서 사는 것이라"(갈 2:20)라고 말했을 때, 나는 그가 그것을 특히 자신에 대해서 하는 것으로 생각하는 방식이 맘에 든다.

하나님만이 메우실 수 있는 간격

우리 모두가 직면하고 있는 이 심각한 죄의 문제를 해결할 다른 방법은 없다. 하나님은 완전하신 분이라는 것을 우리는 알고 있다. 그러나 인간은 불완전하며 죄

많은 존재라는 것 또한 우리는 알고 있다. 그래서 하나 님이면서 인간(the God—man)이신 예수님만이 유일 하게 죄 많은 인간과 거룩하신 하나님 사이의 간격을 메울 자격을 지니신 분이다. 그분은 지금까지 그것을 하실 수 있는 유일하신 분이다.

"모든 것이 하나님께로 났나니 저가 그리스도로 말 미암아 우리를 자기와 화목하게 하시고 또 우리에게 화 목하게 하는 직책을 주셨으니 이는 하나님께서 그리스 도 안에 계시사 세상을 자기와 화목하게 하시며 저희의 죄를 저희에게 돌리지 아니하시고 화목하게 하는 말씀 을 우리에게 부탁하셨느니라"(고후 5:18-19).

그것은 내가 하나님을 기쁘게 하기 위해서나 하나님 께 이르기 위해서 했던 것에 관한 것이 아니다. 나는 하 나님을 화나게 하고 또 하나님께 이르지 않기 위해서 모든 것을 했다. 이 구절이 말하는 것처럼, "모든 것이 하나님께로 났나니 저가 그리스도로 말미암아 우리를 자기와 화목하게" 하신다. 이런 이유로, 예수 그리스도는 하나님 아버지께 이르는 유일한 길이다. 실제로, 예수님 자신이 요한복음 14장 6절에서 그렇게 말씀하셨다. "내가 곧 길이요 진리요 생명이니 나로 말미암지 않고는 아버지께로 올 자가 없느니라."

우리가 살고 있는 이 시대에는 이 핵심(issue)을 억누르고 다음과 같이 말하고자 하는 유혹을 받는다. "우리는 모두 같은 하나님을 예배한다. 당신은 당신의 길을 선택할 수 있다. 나는 나의 길을 선택했다. 나의 길은 그리스도이다. 그러나 만일 당신이 조금 다른 길을 예배하기를 원한다면, 그것도 괜찮다." (하지만) 그것은 괜찮지가 않다.

베드로 사도는 그리스도의 말씀을 그대로 반복하여 말하면서, 이 중요한 사실을 강조한다. "다른 이로서는 구원을 얻을 수 없나니 천하 인간에 구원을 얻을만한 다른 이름을 우리에게 주신 일이 없음이니라" (행 4:12).

사도 바울도 같은 것을 말했다. "하나님은 한 분이시

요 또 하나님과 사람 사이에 중보도 한 분이시니 곧 사람이신 그리스도 예수라"(딤전 2:5). 하나님이신 예수님은 그 간격을 메울 수 있는 유일한 분이셨으며, 우리를 위해 자신의 피를 흘리셨다. 때문에 우리 그리스도인들이 그 밖의 다른 것을 말하는 것은 잘못일 뿐만 아니라 복음을 잘못 전하는 것이다.

예수 그리스도가 우리를 위한 죄의 희생제물(the sin sacrifice)이 되셨을 때, 거기 십자가 위에서 세상의 모든 죄가 예수 그리스도 위에 부어졌다. "하나님이 죄를 알지도 못하신 자로 우리를 대신하여 죄를 삼으신 것은 우리로 하여금 저의 안에서 하나님의 의가 되게 하려 하심이니라"(고후 5:21). 만일 그 외의 어떤 다른 방법으로 하나님께 이를 수 있었다면, 예수님은 죽을 필요가 없었을 것이다. 십자가 위에서의 예수님의 자발적인 죽음은 분명 다른 길은 없다는 사실을 예증한다. 그분이 사랑으로 제공하시는 용서—그것은 모든 사람에게 미친다—를 거절하는 사람들은 자신들의 생명을 걸고 그렇게 하는 것이다.

그것은 다 끝난 일이다

그런 이유로, 예수님은 갈보리의 십자가 위에서 이렇게 외치셨다. "다 이루었다"(요 19:30). 그 말씀은 여러 가지로 번역될 수 있다. "다 처리했다. 다 지불했다. 다 행했다. 다 완성했다."

무엇을 다 처리하셨는가? 우리의 죄들과 그것들을 수반했던 죄책감을 다 처리하셨다.

무엇을 다 지불하셨는가? 구속의 대가를 다 지불하셨다.

무엇을 다 행하셨는가? 법의 정당한 요구사항을 다 행하셨다.

무엇을 다 완성하셨는가? 아버지 하나님이 예수님께 하라고 맡겨주신 사역을 다 완성하셨다.

인간을 지점으로 하던 사탄의 본거지가 다 끝이 났다.

"우리를 거스리고 우리를 대적하는 의문에 쓴 증서를 도말하시고 제하여 버리사 십자가에 못박으시고 정사와 권세를 벗어버려 밝히 드러내시고 십자가로 승리하셨느니라"(골 2:14-15).

강력한 메시지

로마서에서, 바울은 복음의 폭발적인 능력을 언급한다. "내가 복음을 부끄러워하지 아니하노니 이 복음은 모든 믿는 자에게 구원을 주시는 하나님의 능력이 됨이라"(롬 1:16). 이것은 바울과 같은 총명하고 탁월한 재능을 지닌 소통자(communicator)의 입에서 나오는 심오한 진술이다. 만일 누군가 순전히 자신의 지적인 기량을 가지고 사람들을 설득하여 그리스도인들이 되게 할 수 있는 사람이 있었다면, 아마도 그 사람은 바울이었을 것이다. 그럼에도 불구하고 그가 정치 지도자들과 부유한 자들 그리고 권력자들 앞에 서서 예수 그리스도의 십자가 위에서의 죽음에 대한 간결한 메시지를 나누는 사도행전의 이야기들을 읽으면, 놀라움을 금치 못하게 된다.

바울은 예수 그리스도의 삶, 말씀, 죽음 그리고 부활에 대한 간결한 메시지에 능력이 있음을 우리에게 일깨워 준다. 우리는 종종 심지어는 가장 완고한 마음을 감동시킬 때 복음이 지니고 있는 순수한 능력을 경시한다. 그것이 지니고 있는 매력을 경시하지 마라. 그것의 단순성을 부끄럽게 생각하지 마라. 그것을 가감하지 마라. 그냥 그것을 선포하라. 그런 다음 뒤로 물러서서 가만히 하나님께서 하실 일을 지켜보라.

나는 하나님께서 간결하지만 믿을 수 없을 정도로 심오한 이 메시지를 매우 강력하게 사용하여 어떻게 인생들을 철저하게 변화시키는지를 보면서 종종 깜짝 놀랐다. 나는 그 메시지가 전에는 그리스도에 대한 필요성을 이해하지 못하던 경건한 종교인들 뿐만 아니라, 완고한 악마 숭배자들을 변화시키는 것을 보아왔다. 나는 깨진 가정들을 치유하고, 마약에 중독이 된 사람들을 고치며, 여러 가지 이교에 속임을 당해 온 사람들을 자유케 하는 그것의 능력을 목격했다.

그리스도의 복음은 지금까지 주어진 메시지들 가운데 가장 강력한 메시지이며, 하나님께서는 그것을 통해 인생들 가운데 가장 많이 깨어진 인생조차도 변화시킬 수 있고 또 변화시키신다.

가짜를 경계하라

복음이 아닌 것

1. "이"가 없는 김빠진 복음을 경계하라.

이것은 회개에 대해서는 전혀 언급하지 않으면서 하나님의 용서만을 말하거나, 예수 그리스도를 마치 한 사람의 삶을 좀더 낫게 만드는데 필요한 약간의 첨가제처럼 말할 것이다. 그것은 이렇게 말할 것이다. "당신이 해야 할 것이라곤, 그분을 (당신) 안으로 들어오도록 요청하는 것이다. 그러면 당신의 삶은 좀더 나아질 것이고, 당신의 옷들은 더 깨끗해질 것이며, 당신의 이는 더 하얗게 될 것이다!' 이것은 분명 과장이다. 그러나 실제로 몇몇 사람들은 그렇게 말한다. 우리는 회개와 순종의 중요한 면들을 빼지 않아야 한다. 우리는 특히 우리가 다른 사람들과 복음을 나누기 시작할 때, 그들의 삶 속에 있는 공허감과 허전함에 호소할 수 있다고 나는 이미 앞서 지적한 바 있다. 그러나 동시에 우리는 문제의 핵심까지 파고 들어야 한다.

2. 복음 메시지의 단순성과 능력을 없애는 율법으로 가득 차 있거나 지나칠 정도로 복잡한 복음을 경계하라.

이것은 사람들에게, 그들이 그리스도인이 되려면 먼저 세례를 받아야 한다거나, 용서를 받기 위해서는 정해진 방식을 따라야 한다고 말하는 것과 관계가 있다. 이것은 성경이 우리에게 상기시켜 주듯이, 본질적으로 "하나님의 선물" 이며 "행위에서 난 것" 이 아닌 구원에 행위를 보태는 것이다(엡 2:8-9). 다시 말하지만, 이런 이유로 성경은 우리 그리스도인들이 "진리의 말씀을 바르게 분변"(딤후 2:15) 해야 한다고 일깨워 준다. 그러므로 이 부분을 매우 주의 깊게 읽기 바란다. 성경은 우리에게 이렇게 권고한다. "네가 네 자신과 가르침을 삼가 이 일을 계속하라 이것을 행함으로 네 자신과 네게 듣는 자를 구원하리라"(딤전 4:16).

우리는 성경이 무엇을 가르치는지 알아야 하며, 우리가 무엇을 믿는지 알아야 한다. 우리는 복음을 제시할 때 몇몇 주요 요소들을 포함하고 있는지 확인하면서, 복음을 정확하게 제시하도록 주의해야 한다. 왜 그런가? 세상에는 가짜 복음이 있기 때문이다.

거짓 복음을 경계하라

그것에 대해 실수하지 마라. 악령은 조작과 모조의

대가다. 악령이 수세기에 걸쳐 엄청난 영향력을 발휘하
면서 사용했던 술책들 중 하나는 어떤 것을 모조하는
것이다. 즉 (겉으로 보기에는) 사람들을 믿게 할 만큼
무척 유사하지만, 그러나 그것을 믿는 사람을 실제로
망가뜨릴 수 있을 만큼 진리와는 거리가 먼 가짜 진리
를 제공하는 것이다.

거짓 복음 또는 가짜 복음이 있다. 바울은 갈라디아
교인들에게 이렇게 썼다.

> 그리스도의 은혜로 너희를 부르신 이를 이같이 속히
> 떠나 다른 복음 좇는 것을 내가 이상히 여기노라 다른
> 복음은 없나니 다만 어떤 사람들이 너희를 요란케 하
> 여 그리스도의 복음을 변하려 함이라 그러나 우리나
> 혹 하늘로부터 온 천사라도 우리가 너희에게 전한 복
> 음 외에 다른 복음을 전하면 저주를 받을지어다.
> (갈 1:6-8)

오늘날 할리우드(Hollywood)에는 영적 주제들을 다

루는 새로운 텔레비전 프로그램들과 영화들이 많이 등장하고 있다. 그것들은 신앙, 죽음 후의 삶, 삶의 의미와 같은 것들, 그리고 그 이상의 것들을 강조한다. 내가 그것들 대부분에서 주목해 온 문제는 그것들의 메시지가 균형이 잡히지 않고 한쪽으로 치우쳤다는 것이다. 그것은 어쩌면 한 사람에게 거짓 확신을 줄 수도 있는 "할리우드식 기분 만족" 믿음(belief)이다.

나는 최근 이런 노선에 따른 프로그램으로서 "하나님의 사랑"이란 주제를 강조하는 텔레비전 프로그램 하나를 시청한 적이 있다. 그 주제는 분명 성경적이면서 중요한 메시지(나 자신이 반복적으로 강조해 온 것임)이지만, 우리는 사랑의 그 하나님은 또한 정의와 거룩과 완전의 하나님이라는 사실을 놓치지 않아야 한다. 더욱이, 하나님은 자신의 하나밖에 없는 아들을 보내주셔서 우리의 죄를 위해 십자가에서 죽게 하심으로, 그 사랑을 우리에게 보여주셨다는 것을 잊지 않고 지적해야 한다. 따라서 사랑의 그 하나님을 아는 유일한 방법은 그리스도를 통하는 것이다.

바울이 우리에게 주의하라고 경고하는 그 "거짓 복음"은, 우리가 해야 할 것이라고는 그저 믿는 것이라고 말한다. 하지만 우리가 회개해야 한다고 말하지는 않는다. 그것은 하늘에 대해서는 말하지만, 지옥에 대한 메시지는 빠뜨린다. 다른 한편으로, 그것은 너무 복잡해서 아무도 그것을 해결할 수 없거나, 또는 그것은 용서를 얻기 위해 사람이 지켜야 하는 규칙들과 규정들로 가득 채워져 있을 수 있다. 그것은 결코 "복음"이 아니다.

구세군의 창시자인 윌리엄 부스(William Booth) 대장은 자신이 보기에 20세기에 (그리고 나는 또한 '21세기에' 라는 말을 첨가한다) 복음의 메시지가 직면한 위험들에 대해 썼다. 그 중에서, 그는 다음과 같은 내용을 제시하는 (가짜) "복음"을 보았다.

· 그리스도 없는 기독교
· 회개 없는 용서

· 중생 없는 구원
· 지옥 없는 천국

이 김 빠진 복음도 실제적인 문제지만, 심판에 대해 경고만 하고 하나님의 관대한 용서를 말하지 않는 복음 또한 문제다.

Chapter 12

바른 결단에 이르는 단계들

일을 매듭짓기

당신이 복음을 나누어오고 있는 그 사람이 그리스도를 영접할 준비가 된 것처럼 보인다고 하자. 당신은 내가 해변에서 그 부인에게 물었던 그 물음을 그에게 물어도 좋을 것이다. "당신에게는 지금 당장 예수 그리스도를 영접하지 않아야 하는 어떤 타당한 이유가 있습니까?"

무척 놀라게 되겠지만, 그는 "없어요. 나는 지금 당장 그리스도를 영접하기 원합니다!"라고 말할지도 모른다. 그러면 그 다음은 무엇을 해야 하는가? 나는 그 사람이 자신이 무엇을 하고 있는지를 충분히 이해하고 있는지 확인하기를 좋아한다. 나는 복음 전도 메시지를 전할 때 마지막 부분에서 종종 다섯 가지 요점을 강조하여 말하곤 한다. 그것들은 빌리 그래함 목사가 50년대에 열었던 복음 전도 집회의 하나인 메디슨 광장(Madison Square Garden)에서 전했던 메시지를 약간 각색한 것이다. 그것들은 다음과 같다.

1. 당신은 죄인이라는 것을 깨달아라.

이것은 사람들이 인정하기 힘든 것이다. 그렇지만 로마서 3장 23절은 다음과 같이 분명하게 말한다. "모든 사람이 죄를 범하였으매 하나님의 영광에 이르지 못하더니." 우리는 먼저 우리의 죄에 대한 전적인 책임을 받아들여야 한다.

2. 예수 그리스도께서 당신의 죄를 위해 십자가에서 죽으셨다는 것을 인정하라.

우리에게 있는 이 죄의 문제를 해결할 다른 방법이 없기 때문에, 하나님은 자신의 아들을 보내주셔서 우리를 위해 갈보리 십자가 위에서 죽게 하셨다. 로마서 5장 8절은 "우리가 아직 죄인 되었을 때에 그리스도께서 우리를 위하여 죽으"셨다고 말한다. 예수님은 이렇게 말씀하셨다. "하나님이 세상을 이처럼 사랑하사 독생자를 주셨으니 이는 저를 믿는 자마다 멸망치 않고 영생을 얻게 하려 하심이니라"(요 3:16).

3. 당신은 회개해야 한다.

사도행전 17장 30절은 이렇게 말한다. "…어디든지 사람을 다 명하사 회개하라." 여기에서 회개하라는 말은 무엇을 의미하는가? 그것은 당신이 인생의 잘못된 길로 가고 있음을 의미하며, 그러므로 당신은 가던 길에서 돌아서서 하나님의 길로 가기 시작할 필요가 있다는 것을 의미한다. 당신은 하나님으로부터 달아나지 말고 하나님께로 나아가야 한다.

4. 당신은 예수 그리스도를 당신의 삶 속으로 영접해야 한다.

예수님은 이렇게 말씀하셨다. "볼지어다 내가 문밖에 서서 두드리노니 누구든지 내 음성을 듣고 문을 열면 내가 그에게로 들어가 그로 더불어 먹고 그는 나로 더불어 먹으리라"(계 3:20). 알다시피, 그리스도인이 된다는 것은 단순히 하나의 신조를 믿거나 심지어는 교회에 가는 것을 의미하지 않는다. 당신은 그것들을 하면서도 당신의 죄를 용서받지 않고 또 그리스도를 당신의 마음 속으로 모셔 들이지 않을 수 있다. 모든 사람의 삶에는 각자 "주님, 들어 오시옵소서"라고 말하는 순간이 있어야 한다. 성경은 우리에게 이렇게 말한다. "영접하는 자 곧 그 이름을 믿는 자들에게는 하나님의 자녀가 되는 권세를 주셨으니"(요 1:12).

5. 당신은 지금 당장 그것을 해야 한다!

고린도후서 6장 2절은 이렇게 말한다. "보라 지금은 구원의 날이로다." 지금 이 시간이 당신이 복음에 응답해야 할 마지막 기회가 될 수도 있다.

Chapter 13

미뤄진 결정은 결정이 아니다

그들은 그리스도를 영접하기 원한다. 도와줘라!

당신이 (복음을) 함께 나누어오고 있는 사람이 당장 그 자리에서 결단할 준비가 되어 있다고 해보자. 그렇다면 나는 가능하면 조용한 곳을 찾아서 그 사람을, 그리스도를 영접할 수 있는 기도의 자리로 인도하라고 강력히 권한다. 그로 하여금 그것에 대해 잘 생각해 본 다음에 당신에게 다시 오라고 말하지 않기 바란다. 그 순간을 놓치지 마라!

그것을 당장 하는 것이 왜 그토록 중요한가? 우리는 어느 날 밤 시카고에서 복음 전도 메시지를 전했던 위대한 복음 전도자인 무디(D. L. Moody)에게서 그에 대한 이유를 듣게 된다. 무디는 청중들에게 "여러분은 예수님께 대해 어떤 결정을 내리려고 합니까?"라는 질문을 하고는 그에 대해 하룻밤 생각할 수 있는 시간을 주기로 했다. 그런 다음 그는 그들에게, 자신의 설교를 듣기 위해 다음날 저녁에 다시 올 것인지 아닌지를 깊이 생각해 보라고 했다.

다음날 아침, 시카고는 잿더미로 변했다. 1871년 10월 8일, 그가 메시지를 전했던 바로 그날 저녁에, 시카고에 대화재가 발생했다. 그의 청중이었던 많은 사람들이 그 화재로 목숨을 잃었다. 무디는 임종하는 날까지 자신이 사람들에게 기다리라고 말했던 것을 후회했다. 그는 그 쓰라린 경험을 통해 얻은 교훈을 결코 잊지 않았다. 그는 나중에 이렇게 썼다.

나는 그날 이후로 결단코 청중에게 자신들의 구원에
대해 생각하도록 한 주간의 말미를 주지 않았다. 만일
그들이 (하나님께 대해 끝까지) 잃어버린 자들이 된다
면, 그들은 심판 때에 나를 보고 들고 일어날 것이다.
나는 그날 밤 내가 배웠고 그 이후로 결코 잊은 적이
없는 한 가지 교훈을 말하기 원하는데, 그것은 내가 설
교할 때 그 시간 그 곳에 있는 사람들로 하여금 그리스
도를 영접하도록 강하게 권해야 하며, 그 자리에서 결
단을 하도록 이끌어야 한다는 것이다. 나는 청중에게
예수 그리스도께 대해 어떤 결정을 내릴지 생각할 수
있는 한 주간의 시간을 주느니 차라리 나의 오른손을
잘라 버리고 말겠다.

Chapter 14

사람들이 '아니' 라고 말하는 이유들

사람들이 그리스도께 나아오지 않는 이유

우리들 대부분은 다른 사람과 복음을 나누는 것이 어떤 기분인지를 안다. 뿐만 아니라 갑자기 우리가 끊임없이 이어지는 질문과, 이른바 그들이 왜 그리스도를 구주로 믿지 않는지에 대한 "이유들"을 끊임없이 퍼붓는 상황에 처하는 것이 어떤 기분인지도 안다.

나는 이것들 중 대부분이 솔직한 질문이거나 이유라기보다는 그저 핑계에 지나지 않는 것이라고 생각한다. 그리고 우리는 핑계라는 것이 무엇을 의미하는지 알고 있다. 그것은 단지 그럴싸하게 꾸민 거짓말에 불과하다.

핑계는 "거짓말로 채워진 이유의 껍질"을 뜻한다. 핑계는 우리가 정말로 어떤 것을 하고 싶지 않을 때 그럴싸하게 둘러대는 말이다. 많은 사람들이 실은 그리스도께 나아오고 싶지 않기 때문에 핑계 뒤에 숨는다. 그리고 그들이 그리스도께 나아오고 싶지 않는 이유는 그들이 실제로는 변화를 원치 않기 때문이다. 나는 다음 장에서 사람들이 그리스도께 나아오지 않는 진짜 이유를 말할 것이다. (만일 다음 장으로 건너뛰어 읽고 싶으면 그렇게 해도 무방하다). 먼저 여기서는 사람들이 기독교 신앙에 관해 가장 공통적으로 물어오는 물음들 중 네 가지를 다룰 것이다.

첫째, 만일 하나님이 진정 선하시며 사랑이 많으신 분이라면, 왜 그는 악을 허락하시는가?

둘째, 당신들 그리스도인들은 어떻게 예수가 유일한

길이라고 말할 수 있는가? 모든 길은 궁극적으로 하나님께 이르는 길이 아닌가?

셋째, 사랑의 하나님이 어떻게 사람들을 지옥으로 보낼 수 있는가?

넷째, 내가 그리스도인이 아닌 이유는 (그리스도인이라고 하는 사람들 중에는) 위선자들이 너무 많기 때문이다.

1. 만일 하나님이 진정 선하시며 사랑이 많으신 분이라면, 왜 그는 악을 허락하시는가?

이것은 언제나 사람들이 하나님에 관하여 물을 때 가장 먼저 제기하는 물음이다. 우리는 "왜 하나님은 어린이들로 하여금 맹인으로 태어나게 하거나, 전쟁이나 부정 또는 비극을 허락하시는가?"라는 질문을 받는다. 이 문제에 대한 전통적인(classic) 설명은 두 가지로 나뉜다. 하나는, 하나님은 전능하지만 선하지는 않다. 그러므로 그는 악을 저지하지 않는다. 다른 하나는, 하나님은 선하지만 전능하지는 않다. 그러므로 그는 악을 저지할 수 없다.

일반적인 경향은 악과 고난을 하나님 탓으로 돌리는 것이다. 그러나 인간은 선택의 능력을 지닌 채로 지음 받았다. 우리에게는 사랑하는 것을 선택하거나 사랑하지 않는 것을 선택할 자유가 있고, 바르게 행하는 것을 선택하거나 죄를 범하는 것을 선택할 자유가 있으며, 순종하는 것을 선택하거나 불순종하는 것을 선택할 자유가 있다. 에덴동산에서, 인간은 잘못된 선택을 했고, 그로 인해 죄가 세상에 들어왔다. "이러므로 한 사람으로 말미암아 죄가 세상에 들어오고 죄로 말미암아 사망이 왔나니 이와 같이 모든 사람이 죄를 지었으므로 사망이 모든 사람에게 이르렀느니라" (롬 5:12).

그 결과로, 우리는 타락하고 불완전한 세상에서 산다. 아담을 통하여 죄가 세상에 들어왔기 때문에, 온 땅이 영향을 받았다. 저주는 인간에게만 온 것이 아니라, 모든 피조물에게도 왔다. 그것의 영향은 죄가 세상에 들어오는 것이었다. 그리고 그 죄와 함께, 병과 심지어는 죽음과 같은 많은 문제들이 왔다. 그 순간까지는, 남자들과 여자들은 자신들의 완전한 몸으로 영원히 살 수 있었을 것이다. 그러나 지금 우리 몸은 시간이 흘러감에 따라 닳게 되고 쇠약해진다.

질환, 병, 신체 장애. 이런 것들은 모두 죄에 대한 저주의 결과로서 온 것들이다. 그것들은 우리가 저지른 죄에 대한 처벌이 아니라, 일반적으로 죄의 결과이다. 우리가 명심해야 하는 점은, 죄에 대한 책임은 하나님께 있는 것이 아니라 인간에게 있다고 하는 것이다!

전쟁을 예로 들어보자. 그것은 하나님이 시작하는 것이 아니라 사람들이 시작한다. 야고보는 그것이 어디에서 오는지 우리에게 정확하게 말해준다. "너희 중에 싸움(전쟁)이 어디로, 다툼이 어디로 좇아 나느뇨 너희 지체 중에서 싸우는 정욕으로 좇아 난 것이 아니냐 너희가 욕심을 내어도 얻지 못하고 살인하며 시기하여도 능히 취하지 못하나니 너희가 다투고 싸우는도다 너희가 얻지 못함은 구하지 아니함이요"(약 4:1-2).

그렇지만 우리의 잘못된 선택에도 불구하고, 하나님은 개입하신다. 그분은 우리가 끔찍하게 죄를 지을 때조차도 우리를 용서하실 수 있으며, 기꺼이 용서하신다. 성경은 이렇게 말한다.

"만일 우리가 우리 죄를 자백하면 저는 미쁘시고 의로우사 우리 죄를 사하시며 모든 불의에서 우리를 깨끗케 하실 것이요"(요일 1:9).

하나님은 우리로 하여금 자신에게 오도록 하기 위해 병과 같은 것이라도 사용하실 수 있다. 하나님은 비극이나 고난을 통해서 우리에게 말씀하실 수 있다. C. S. 루이스(C. S. Lewis)는 이렇게 썼다. "하나님은 우리의 즐거움 속에서 우리에게 속삭이시며, 우리의 양심에 말씀하신다. 그러나 하나님은 우리의 고통 속에서 외치신다. 그것은 귀 먹은 세상을 깨우는 그분의 확성기이다."

슬프게도, 하나님은 우리 중 몇 사람에게 자신의 "확성기"를 사용할 수밖에 없으시다. 그것은 우리의 주의를 끌 유일한 방법이다. 시인은 이렇게 쓴다. "고난당하기 전에는 내가 그릇 행하였더니 이제는 주의 말씀을 지키나이다"(시 119:67).

그렇지만 그리스도인들로서 우리 모두에게는 어느 날 우리에게 이루어질 다음과 같은 희망이 있다. "(하나님이) 모든 눈물을 그 눈에서 씻기시매 다시 사망이 없고 애통하는 것이나 곡하는 것이나 아픈 것이 다시 있지 아니하리니 처음 것들이 다 지나갔음이러라"(계 21:4).

당신은 이 물음을 제기하는 사람에게 그리스도인들에게만 이 희망이 있다고 분명하게 말할 수 있다. 그런 다음 그에게 다음과 같이 물어라. "당신에게도 있나요?"

2. 당신들 그리스도인들은 어떻게 예수가 유일한 길이라고 말할 수 있는가? 모든 길은 궁극적으로 하나님께 이르는 길이 아닌가?

나는 기본적인 복음 메시지에 관한 부분에서 이 이의

에 대해 간단히 언급했다. 기독교 신앙의 이 특별한 토대는 특히 많은 불신자들을 화나게 하고 있다. 그들은 당신 앞에서 다음과 같이 소리를 지를지도 모른다. "당신은 지금 예수 그리스도가 유일한 길이며, 그를 믿지 않는 사람은 누구나 실제로 지옥에 갈 것이라고 말하는 겁니까?" 그런 다음 그들은 한 걸음 더 나아가 당신을 "편협"하고 "고집불통"이고 "둔감"하고 그리고 (아마도 당신이 오늘날과 이 시대에 비난받을 수 있는 것들 중 가장 나쁜 것인) "관용이 없는" 사람으로 낙인을 찍을지도 모른다.

그와 같은 사람들에게, 그렇게 말하는 것은, 당신은 어쨌든 그들보다 더 낫거나 당신은 예수 그리스도를 믿는 당신의 믿음 때문에 그들을 업신여기고 있다고 당신이 말하는 것처럼 들릴지도 모른다. 그렇지만 당신이 예수 그리스도가 하나님 아버지께 이르는 유일한 길이라고 믿는 이유는, 아주 간단히 그분 자신이 그렇게 말씀하셨기 때문이라는 것을 알도록 당신은 그들을 이끌어 줄 필요가 있다.

내가 앞서 인용했듯이, 예수님은 성경에서 "내가 곧 길이요 진리요 생명이니 나로 말미암지 않고는 아버지께로 올 자가 없느니라"(요 14:6)라고 말씀하셨다. 만일 내가 예수님의 제자라고 주장하고 또 그분의 말씀을 믿는다면, 내가 이것 외의 다른 어떤 것을 말할 경우에 나는 정직하다고 도저히 말할 수 없을 것이다.

그리스도인으로서 나는 그 밖의 다른 사람보다 더 낫거나 뛰어나지 않다. 나는 단지 다른 걸인에게 어디에서 음식을 구할 수 있는지를 말해 주는 한 사람의 걸인에 불과하다. 어떤 사람은 이렇게 말할지도 모르겠다. "만일 한 사람이 정말로 자신이 믿는 것에 성실하다면, 그는 천국에 갈 것이다." 이런 유형의 명확하지 않고 비논리적인 사고는 오늘날 많은 사람들에게 전형적인데, 그것은 그들로 하여금 자신들의 개인적인 사고와 느낌에 근거하여 인생의 가장 중요한 결정을 하게 한다. 웬일인지 그들이 "우주의 도덕적 센터"인 것처럼 여겨진다.

당신은 진정 성실이면 족하다고 생각하는가? 그렇다면, 이런 방식의 논법을 따라 그것의 논리적 결론을 따라가 보라. 만일 한 사람이 정말로 자신이 믿는 것에 성실하며 좋은 삶을 살려고 노력한다면, 그는 천국에 갈 것이다. 그러므로 아돌프 히틀러(Adolf Hitler)는 천국에 있다. 맞지 않은가? 그는 진심으로 자신이 하고 있던 것이 바르다고 믿었다. 찰스 맨슨(Charles Manson, 연쇄 살인범—역주) 역시 맞다. 그렇지 않은가? 그리고 짐 존슨(Jim Johnson)은 어떤가?

(이렇게 말하면) 어떤 사람은 "아니, 그렇지 않아요. 그들은 좋지 않아요!"라고 이의를 제기할지도 모른다. 그러나 누구의 정의(definition)에 따라 그렇게 말하는가? 당신의 정의인가? 나의 정의인가? 아니면, 그렇지 않다고 이의를 제기한 사람의 이웃의 정의인가? 그것은 합의에 의해 결정되는가? 거짓말하고 도적질하고 그리고 살인하는 것이 왜 잘못인가? 아무도 말하지 못

한다.

그것은 우리가 살아갈 때 우리의 삶의 기준으로 삼을 수 있는 일련의 절대적인 것들을 가질 필요가 있다는 사실로 회상한다. 우리는 간단히 우리의 기준에 따라 규칙을 정할 수 없다. 많은 사람들이 모든 길은 하나님께 이르며, 모든 종교는 본래부터 참되다고 믿고 싶어 한다. 우리는, 모든 종교는 함께 어울려 아름답게 조화를 이룬다고 생각하고 싶어 한다. 그러나 실제로는 그렇지가 않다.

알다시피, 오직 예수 그리스도만이 하나님이면서 사람이셨다. 예수님만이 거룩하신 하나님께 이르는 길을 놓아 만들 자격이 있다. 성경은 이렇게 말한다. "하나님은 한 분이시요 또 하나님과 사람 사이에 중보도 한 분이시니 곧 사람이신 그리스도 예수라"(딤전 2:5). "나와 함께 아니하는 자는 나를 반대하는 자요"(눅 11:23).

예수님은 "나를 찬양하라"고 하지 않으신다. "나를

따르라"고 하신다. 그리고 그것은 각 사람이 내려야 하는 결정이다.

3. 사랑의 하나님이 어떻게 사람들을 지옥으로 보낼 수 있는가?

하나님은 누구도 지옥에 보내지 않으신다. 우리가 우리 자신을 그곳으로 보낸다. 지옥은 결코 인간을 위해 만들어진 것이 아니라, 마귀와 그 사자들을 위해 만들어졌다. 예수님은 자신을 따른다고 위선적으로 주장한 사람들의 운명에 대해 말씀하시면서 "저주를 받은 자들아 나를 떠나 마귀(devil)와 그 사자들(angels)을 위하여 예비된 영영한 불에 들어가라"(마 25:41, 저자의 강조)라고 하셨다.

하나님은 한 사람도 지옥에 가기를 원치 않으신다. 에스겔 33장 11절에서 하나님은 이렇게 말씀하신다. "나는 악인의 죽는 것을 기뻐하지 아니하고 악인이 그 길에서 돌이켜 떠나서 사는 것을 기뻐하노라." 베드로

후서 3장 9절은 "주의 약속은 어떤 이의 더디다고 생각하는 것같이 더딘 것이 아니라 오직 너희를 대하여 오래 참으사 아무도 멸망치 않고 다 회개하기에 이르기를 원하시느니라"라고 우리에게 일깨워 준다.

당신이 불신자에게 이것을 설명할 때 사용할 수 있는 예화가 하나 있다. 당신이 고속도로에서 운전하고 있고, 큰 물결이 설레는 강 위의 큰 다리를 막 건너가려고 한다고 하자. 그 때 갑자기 눈앞에 이런 큰 표지판이 보인다. "경고! 다리가 끊겼음. 다른 출구를 이용하기 바람!' 그런데도 당신은 그냥 가기로 결정한다. 그리고는 그 다리를 향해 속도를 낸다.

당신은 더 가까이 가면서 더 많은 표지판을 본다. "진입 금지! 위험! 다리가 끊겼음." 그렇지만 당신은 계속 광적으로 속도를 낸다. 당신은 더 가까이 가다가, 신호등이 깜박이는 경찰 차들과 당신을 향해 손을 흔들면서 돌아오라고 크게 소리치는 경찰들을 본다. 그럼에도 불구하고 당신은 방벽들을 밀치면서 계속해서 다리 끝까지 달려가다가 물 무덤으로 뛰어든다. 자, 그렇다면 그 것은 누구의 잘못인가? 두말할 필요 없이, 그것은 당신 자신의 잘못이다. 당신은 여러 경고를 무시했다. 당신 을 보호하기 위해 세워진 노상 장애물들에도 불구하 고, 당신은 당신이 하기 원하는 것을 하기로 결정했다.

어느 한 사람도 우연히 지옥이나 천국에 가게 되는 사람은 없을 거라는 것을 꼭 알아두기 바란다. 그런 이 유로, 하나님은 아들을 보내주셨다. 우리에게 하나님 의 은혜의 "노상 장애물들"을 제공해 주시기 위해서다. 만일 우리가 그것들을 물리친다면, 성경은 이렇게 묻 는다. "우리가 이같이 큰 구원을 등한히 여기면 어찌 피하리요"(히 2:3).

4. 내가 그리스도인이 아닌 이유는 (그리스도인이라고 하는 사람들 중에는) 위선자들이 너무 많기 때문이다.

우리는 모두 사람들이 이렇게 말하는 것을 들어본 적 이 있다. "내가 그리스도인이 아닌 이유는 교회 안에는 위선자들이 너무 많이 있기 때문입니다! 내가 완전하고 위선적이지 않은 교회를 찾게 되면, 그 때는 교회에 참여(join)하도록 하겠습니다." 내가 말할 수 있는 것은, 만일 그 사람들이 그런 완전하고 "위선적이지 않은" 교회를 찾는다할지라도, 그들은 교회에 참여할 수 없다는 것이다. 오히려 그들은 교회를 망쳐놓기만 할 것이다.

슬프게도, 오늘날 교회 안에는 위선자들이 아주 많이 있다. 당신은 자신들이 대단하지도 않으면서 대단한 사람인 것처럼 보이려고 교회에 출석하는 사람들을 많이 볼 것이다. 나는 돈을 버는데 필사적이었던 한 사람에 대한 이야기를 들은 적이 있다. 그는 돈을 벌기 위해 동물들을 먹이는 일자리를 얻고자 시가 운영하는 동물원으로 갔다. 불행하게도 그 동물원에는 공석이 없었다. 그러나 그 동물원 원장은 그가 체격이 큰 것을 보고는 그에게 다른 가능한 일자리 하나를 제안했다. "우리 동물원에 있던 고릴라가 며칠 전에 죽었는데, 그것은 우리 동물원에서 가장 인기 있는 것들 중 하나였지요! 만일 우리가 당신에게 특별한 고릴라 옷 하나를 마련해 준다면, 당신은 그것을 입고 며칠 동안 고릴라 흉내를 좀 내주실 수 있는지요? 그에 대한 보수는 서운하지 않게 잘 해드리겠습니다!"

그는 돈 버는 일에 너무나 필사적인 나머지 그것에 동의했다. 그는 실제로 다음 며칠간 그 일을 아주 잘 해냈다. 그는 고릴라 옷을 입고 자신의 가슴을 치고 우리의 기둥을 흔들기도 했다. 오래지 않아 그 쇼를 보기 위해 많은 인파가 몰려들었다. 덕분에 많은 돈을 벌게 되었다. 그러던 어느 날, 고릴라 흉내를 내면서 그네를 타다가 뜻하지 않게 힘을 잃고 말았다. 그 때문에 사자 굴의 정 중앙에 떨어지게 되었다. 커다란 맹수가 사납게 포효했다. 고릴라 옷을 입은 그 남자는 도와달라고 소리를 지르려면 자신이 가짜라는 것을 밝히지 않을 수 없음을 깨닫게 되었다.

그는 자신의 우리 안으로 다시 올라갈 심사로, 사자

로부터 멀어지고자 뒷걸음질 치기 시작했다. 얼굴에 무척이나 배고픈 기색을 하고 있던 그 사자는 그를 따라오기 시작했다. 결국 고릴라 옷을 입고 있던 그 남자는 필사적으로 "도와주세요!"라고 소리쳤다.

즉시 그 사자는 강한 어조로 이렇게 속삭였다.

"입 닥쳐, 이 바보야! 너 때문에 우리 둘 다 해고 당하면 어쩌려고 그래!"

불행히도, 이 이야기 속의 "가짜 동물원"과 같이, 당신은 오늘날 교회에서도 위선자들을 볼 수 있을 것이다. 당신은 이런 이유와 직면할 때 그것을 부정할 수 없다. 그러나 당신은 또한 어떤 사람이 교회에 출석한다고 해서 그것이 곧 그가 그리스도인이라는 것을 의미하는 것은 아니라는 것을 지적하지 않으면 안 된다! 불신자가 하나의 예로서 인용하는 그 위선자가 처음에는 예수님을 따르는 참된 제자가 아닐지도 모른다. 또 한편으로, 자신들이 기독교적 삶을 살아야 함에도 그렇게 살지 못한 진실한(true) 신자들도 있다.

설사 우리 그리스도인들이 공사 중이란 푯말을 우리의 목 주위에 두른다 할지라도, 그것은 나쁜 생각은 아닐 것이다. 그러나 나는 이것 하나는 분명하게 알고 있다. 예수님은 "나의 사람들을 따르라"라고 말씀하신 것이 아니라, "나를 따르라"라고 말씀하셨다는 것이다. 그분은 결코 위선자가 아닐 것이다. 그분은 결코 일관성이 없지도 않을 것이다. 그분은 자신이 우리의 삶 속에 있으리라고 약속하는 모든 것 그대로일 것이다.

Chapter 15

사람들이 '아니' 라고 말하는 진짜 이유와 우리가 해야 할 일

사람들이 그리스도께 오지 않는 진짜 이유는?

사람들이 둘러대는 핑계 그 이면에 있는 진짜 이유는 무엇인가? 요한복음 3장에서 예수님은 다음과 같이 답하셨다.

"그 정죄는 이것이니 곧 빛이 세상에 왔으되 사람들이 자기 행위가 악하므로 빛보다 어두움을 더 사랑한 것이니라 악을 행하는 자마다 빛을 미워하여 빛으로 오지 아니하나니 이는 그 행위가 드러날까 함이요 진리를 좇는 자는 빛으로 오나니 이는 그 행위가 하나님 안에서 행한 것임을 나타내려 함이라"(요 3:19-21).

많은 사람들이 특별한 이유 없이 그저 변화를 원치 않는다. 그들은 늘 해왔던 그대로 있기 원한다. 그들이 이 핑계, 저 핑계를 둘러댈지 모르지만, 그 근본적인 이유는 실제로 그들은 변화를 원치 않는다는 것이다. 그러나 우리는 그들을 포기하지 않아야 한다.

내가 항상 그리스도를 위한 용감한 증인이었던 것은 아니다

이 책의 서두에서, 나는 이미 내가 그리스도께 인도할 수 있었던 첫 번째 사람에 관한 이야기를 함께 나눴다. 그러나 내가 처음부터 그랬던 것은 아니다. 나도 처음에는 나의 신앙을 다른 사람과 나누는 것에 용기를 내지 못했다.

고등학교 교정에서 그리스도를 영접한 후 얼마 동안, 나는 일종의 영적 중간지대에 있었다. 실제로 나는 교정에서 다른 그리스도인들과 맞닥뜨리는 것이 편치 않았고, 신앙의 결단을 한 후 옛 친구들과 만나지도 않았다. 점심시간에 나는 옛정을 생각하여 몇몇 옛 친구들에게 가서 얼굴을 내밀기로 했다. 물론 내가 새로 발견한 신앙에 관해서는 말하고 싶지 않았다. 가능한 한, 나는 그것을 비밀에 부쳐두고 싶었다.

친구들 중 한 명의 집이 우리 교정 바로 옆에 있었다. 그래서 우리는 점심시간에 종종 그곳에 가곤 했다. 내가 그곳으로 가고 있을 때, 교정에 있던 그리스도인들 중 한 사람이 나를 알아보고는 이렇게 외치는 것이었다 (아주 큰 소리로 라는 말을 덧붙이고 싶다).

"이봐요, 그렉(Greg) 형제님! 주님을 찬양하라!"

나는 중얼거리듯 이렇게 말했다.

"예, 그래요—오. 주님을 찬양하라."

"이봐요, 형제님. 형제님에게 줄 것이 있어요" 라고

그 열정적인 그리스도인이 말했다. 그런 다음 그는 색이 바래버린 꽤 큰 가죽 성경 한 권을 내게 내미는 것이었다. 그 앞쪽에는 십자가 모양의 아이스크림 막대기 두 개가 붙어 있었다. 솔직해 말해서, 나는 그 순간 정말로 그 성경도, 꾸밈없는 그 그리스도인과 공개적으로 대화하는 것도 원치 않았다.

"그것을 읽으세요. 그러면 형제님은 영적으로 성장할 거예요!"라고 그가 말했다.

"예예, 알겠어요. 고마워요. 그렇게 하지요"라고 나는 소심하게 대답했다. 그가 떠난 후, 나는 혼자 생각했다. 이 성경을 어떻게 하지? 이것을 들고 교정을 가로질러 갈 수도 없는 노릇이고. 그러면 아마도 사람들이 나를 보고 대단한 종교 광신자로 여기겠지!

비록 나도 그 정도로 그리스도를 위한 용감한 증인이 되고자 하는 마음이 있었을지라도, 나는 아이스크림 막대기로 십자가를 만들어 붙인 그 성경을 얼른 나의 외투 주머니에 집어 넣었다. 그것의 부피 때문에 주머니가 찢어졌다.

나는 천천히 친구 집으로 걸어갔고, 그곳에 도착하여 안으로 들어가려다가 외투 주머니 안에 있는 성경을 생각했다. 나는 친구들이 그렉 로리가 성경책을 휴대하고 다니는 것을 보게 하고 싶지 않았다. 그래서 나는 그것을 떨궈 놓을 곳을 찾았다. 내 친구 집 앞에는 분재용 장식 용기가 하나 놓여 있었다. 나는 재빨리 양방을 둘러본 다음, 나무 잎사귀 밑에다 성경책을 놓고는 안으로 들어갔다. 내가 무심코 어슬렁거리며 안으로 들어가자, 친구들이 나를 보고는 약간 놀라는 것 같았다.

"로리야, 너 어디 갔다 왔어?"

"아무 데도 아니야"라고 나는 태연하게 말했다.

"뭐하고 있었던 거야?"

"아무 것도 안 했어"라고 나는 말했다.

그들 중 한 친구가 말했다.

"왜, 수업 전에 마리화나 좀 태우고 싶어서 그래?"

아주 정직히 말하자면, 만일 그들이 며칠 전에 같은

질문을 했다면, 나는 "응"이라고 말했을 것이다. 그러나 돌연 그것이 옳게 여겨지지 않았다. 나는 다소 강하게 "아니"라고 말했는데, 그렇게 말한 나 자신도 약간 놀랐다. 시간이 지나가는 동안 내내, 내 심장은 북처럼 고동쳤다. 그것은 마치 주님이 내 심장에다 대고 "그들에게 나에 관해 말하라"라고 말씀하시는 것처럼 느껴졌다. 그에 대한 대답으로, 나는 다음과 같이 말하고 있었다. "저는 싫어요. 말씀하고 싶으시면, 주님이 직접 하세요!"

그 때 갑자기 앞문이 활짝 열렸다. 내 친구의 어머니가 손에 내 성경─아이스크림 나무와 모든 것─을 들고서 계셨다. "이게 누구 것이지?"라고 친구의 어머니가 물었다. 그 방안의 모든 눈동자가 그 성경을 주목했고 그 다음 나를 쳐다보았다. 어찌된 셈인지, 그들은 나와 그 성경 사이에 어떤 연관성이 있다는 것을 정확히 알고 있었다.

"제 것인데요"라고 나는 조용히 말했다.

"로리야, 저게 뭐야?"라고 내 친구 중 하나가 내게 소리쳤다.

"성경이야"라고 나는 다시 아주 조용히 말했다.

"뭐라고?"라고 내 친구들이 물었다.

"성경! 성—경!"

그들 중 한 친구가 무척 빈정대면서 이렇게 말했다.

"그렉 형제여, 오, 주님을 찬양하라. 이제 우리는 좋은 작은 그리스도인들이 되고 성경도 읽고 교회에도 가게 되는 건가요?"

나는 곧바로 되받아 말했다. "아니! 입 다물지 않으면 입에다 한방 먹인다." (나는 당시 내가 감추고 있던 그 성경에서 이웃 사랑에 관한 부분을 읽지 못한 상태였다.) 두 말할 필요 없이, 처음에 나는 용기 있게 예수 그리스도를 전하는 증인이 아니었다. 그러나 나는 그리스도인으로서 두 세계에서 살 수 없음을 곧 깨닫게 되었다. 나는 하나님께서 나를 위해 행하신 그 놀라운 은혜의 역사를 감추어둘 수가 없었다.

짖는 개들

다음과 같은 옛 속담이 있다. '한 무리의 개들에게 돌을 던지면, 가장 크게 짖는 놈이 그 돌에 맞은 놈이다.' 때때로 가장 논쟁적이고 호전적인 사람들이 실제로는 당신이 생각하는 것보다 그리스도께 더 가까울 수 있다.

당신이 복음을 나누고 있는 사람에게 말을 할 때, 그는 매우 친절할 수 있다. 그는 다음과 같이 말할지도 모른다. "아! 당신이 종교를 갖게 되다니 무척 기쁘네요. 예전보다 훨씬 더 행복해 보여요."

당신은 아마도 당신이 갖게 된 것은 종교가 아니라 예수 그리스도와의 개인적인 관계라고 대답할 것이다. 그런 다음 그 사람에게 당신과 함께 교회에 가자고 요청할 것이다. 그러면 그는 상냥하게 이렇게 말할 것이다. "저, (지금 당장은 말고) 나중에 정말로 꼭 가도록 하지요."

아마도 당신은 이렇게 생각할지도 모른다. "이 사람은 정말로 머잖아 예수 그리스도를 믿게 될 거야." 물론 그럴 수도 있고, 그렇지 않을 수도 있다. 일이란 것이 언제나 보이는 대로 진행되는 것은 아니다.

아마도 복음에 관해 언제나 당신에게 힘든 시간을 주는 또 다른 사람이 있을 것이다. 매주 월요일 직장이나 학교에서, 그들은 주말 내내 자신들이 (당신을 궁지에 몰아넣기 위해) 궁리해 낸 여러 가지 새로운 질문들을 당신에게 퍼붓는다. 그들은 큰 소란을 피우면서, 새된 목소리로 말하고 소리를 지를지도 모른다. 그러나 "한 무리의 개들에게 돌을 던지면…"을 기억하라. 실제로, 당신이 복음을 나눌 때 친절하고 이해심 있는 사람이 하나님 나라에 더 멀지도 모른다. 반면에 언제나 소란을 피우고 논쟁을 벌이며 대개 당신을 힘들게 하는 그 사람이 더 가까울 수도 있다.

나는 최근에 지금은 어느 기독교 교단의 리더가 된 어떤 사람과 대화를 나눈 적이 있다. 그는 나에게 자신이 어떻게 지금의 길을 걷게 되었는지에 대해 말해 주었다. 어떤 한 충실한 그리스도인이 얼마 동안 그와 복음을 나누었다. 이 까다로운 사람은 날이면 날마다 그 그리스도인을 흉내내며 놀려대고, 감언으로 속이고, 괴롭히고, 비웃곤 했다. 그러나 그 그리스도인은 포기하지 않았다. 그래서 어느 날, 이 사람은 그 그리스도인을 떼어낼 목적으로 그냥 교회에 갔다. 나는 그날 하나님의 말씀 중에서 복음 메시지를 나누고 있었다. 결국 이 사람은 그리스도를 믿게 되었다. 그러므로 포기하지 마라.

오늘 추수의 일꾼으로 밖으로 나가라

오늘도 예수님은 계속해서 이렇게 말씀하신다. "추수할 것은 많되 일군은 적으니 그러므로 추수하는 주인에게 청하여 추수할 일군들을 보내어 주소서 하라"(마 9:37-38). 예수님은 관찰자들, 구경꾼들, 또는 불평하는 사람들을 더 많이 보내달라고 기도하라고 말씀하지 않은 것에 주목하라. 예수님의 말씀은 일꾼들을 더 많이 보내달라고 기도하라는 것이다.

그러나 만일 자기 자신이 그것을 기꺼이 하려하지 않는다면, 아무도 정직하게 그 기도를 드릴 수 없다. 불행하게도, 오늘날 교회는 스물 두 명이 모든 것을 하는 동안 6만 명의 관중들은 관중석에 앉아 그것을 구경하는 대단한 풋볼 경기에 견줄 수 있을 것 같다. 우리 모두는 사이드라인의 바깥쪽에 서서 이렇게 말한다. "잘해라, 우리 팀! 잘해라!" 그러나 하나님은 이렇게 말씀하신다. "나는 네가 아래 경기장으로 내려가기 원한다. 나는 네가 그 볼을 가져가기 원한다. 나는 너 자신이 내가 하고 있는 일의 한 부분이 되기를 원한다."

당신은 그 부르심에 적임자가 아니라고 느낄지도 모른다. 그러나 예수님이 열두 제자들과 함께 행하신 것을 생각해 보라. 그들을 생각할 때, 우리는 종종 그들이 거룩하거나 특별하다고 여긴다. 그렇지만 비록 그들이 은사를 받았고 헌신된 사람들이었을지라도, 그들은 평범한 사람들이었다. 예수님은 그들이 탁월했기 때문에 그들을 부른 것이 아니다. 그들의 탁월함은 예수님의 부르심의 결과다.

하나님은 당신을 사용하기 원하신다. 하나님께는 당신을 위한 자리와 당신이 담당해야 할 자리가 있으며, 당신이 뿌려야 할 씨앗과 당신이 응답해야 할 부르심이 있다. 당신이 예수님의 이런 열망(desire)과 바람에 응답할 수 있도록, 먼저 하나님의 성령께 당신의 심장을 감동시켜 달라고 요청하면서 시작하라. 당신은 다음과 같이 기도해도 좋다. "주님, 그것이 저와 함께 시작되게 하소서. 저를 일꾼으로 삼아 주소서. 인생의 바다에서 사람을 낚는 어부가 되게 하여 주소서. 저는 제가 무엇을 할 수 있는지 알지 못합니다. 저는 약간의 보리떡과 물고기를 갖고 있던 성경 이야기 속의 어린아이와 같은 느낌이 듭니다. 주님, 여기에 저의 점심이 있습니다. 많지는 않지만, 이것을 주님께 드립니다." 만일 당신이 이런 유형의 진정 어린 기도를 드렸다면, 하나님께서 무엇을 하실 지 그냥 가만히 지켜보라!

사람들을 그리스도께 인도하는 것은 내가 알고 있는 범위에서 나 자신이 그분을 만난 것 다음으로 가장 기쁜 경험이다. 나는 스펄전 목사의 다음의 진술을 좋아한다. "영혼의 인도자가 되는 것은 이 세상에서 가장 행복한 것이다. 예수 그리스도께 영혼들을 데려오는 동안, 당신은 땅에서 새 하늘 전부를 얻는 것 같은 느낌을 갖게 될 것이다."

복음을 나누는 일은 제안이 아니다. 선택도 아니다. 그것은 명령이다. 그러나 그것은 축복된 명령이며, 말할 수 없는 특권이다. 그러므로 밖으로 나가라. 그리고 당신의 역할을 하기 시작하라.

자, 가서 사람을 낚자!

복음, 이렇게 전하자

· 초판 1쇄 발행 2008년 1월 25일

· 지은이 그렉 로리 ┃ 역자 박민희
· 펴낸이 민 상 기 · 편집장 이 숙 희 · 펴낸곳 도서출판 드림북
· 등록번호 제 65 호 · 등록일자 2002. 11. 25.
· 경기도 의정부시 가능1동 639-2(1층) · Tel (031)829-7722, Fax(031)829-7723

· 책번호 26   · ISBN 978-89-92143-16-5   03230
· 잘못된 책은 교환해 드립니다.
· 이 출판물은 저작권법에 의해 보호를 받는 저작물이므로 무단 복제할 수 없습니다.
· 독자의 의견을 기다립니다.
· www.dreambook21.co.kr

도서출판 드림북은 오직 하나님께 드리는 책,
또한 세상의 모든 그리스도인들에게 꿈을 줄 수 있는 책
그러한 책세상을 꿈꾸며 만들어 가겠습니다.